기니피그 이야기

기니피그 이야기

모든 일의 기본에 대한 이야기

우제용 지음

아라크네

copyright(C), 우제용, 2011, Printed in Korea.

차례

돈의 신 ··· 6

좌절 ··· 13

돈신의 승리 ··· 19

더 강력한 신 ··· 24

이정표 ··· 27

기니피그와 황금 돼지 ··· 37

깨달음 ··· 49

양선인 ··· 60

좋은 성과 ··· 66

돈의 신

 나 사장은 오늘도 불쾌한 마음을 지니고 회사로 돌아왔습니다. 은행 직원들이 너무나 불친절했기 때문입니다.
 나 사장이 번호표를 뽑고 사십 분을 기다려도, 직원들은 저마다 마감 시간을 맞추려고 자기 일을 정리하기만 했습니다. 무엇을 좀 물어보려고 해도 눈길 한 번 주지 않습니다. 그렇게 불쾌한 채로 겨우 입금을 하고는 운전대를 잡았습니다. 미처 주차장을 다 빠져나오기도 전에 나 사장의 차 뒤에서 누군가가 빵빵거립니다. 주차장인데도 빨리 안 간다고 난리를 치는 것입니다. 그렇다고 나 사장이 그 사람을 욕할 처지는 아닙니다. 나 사장도 그보다 더하면 더했지 덜 하지는 않았거

든요.

어쨌든 불쾌해진 채로 회사로 돌아온 나 사장은 직원들을 불러 분풀이를 해댑니다.

"나보다 더 똑똑한 놈이 왜 내 밑에서 일해?"

혼자의 힘으로 성공한 나대로 사장은 오늘도 직원들을 '훈육'합니다.

"어?! 그렇게 명문대를 나오고 변호사 자격까지 있는 사람이 일 처리를 그따위로 하는 거야?"

나대로 사장의 분노가 머리끝까지 차올랐습니다. 공장에서 일어난 사고 때문입니다. 벌써 여러 번 사고가 있었는데 또 사고가 난 것입니다. 이번에는 한 직원의 손가락이 잘려 나갔습니다. 그 사고 건으로 노동부 소속의 근로감독관이며 경찰이며 하는 사람들이 벌써 여러 차례 다녀갔습니다. 귀찮아진 나 사장은 소위 변호사 자격을 가지고 있는 법무팀 직원을 혼냅니다.

"젠장, 저런 놈들 때문에 보험료만 올라가지 않냐 말이야. 그러게 조심했어야지. 그리고 당신, 뭐하는 사람이야? 경찰이 오기 전에 알아서 막아야 할 것 아니야!"

소위 자수성가한 축에 속하는 나 사장은 자기 회사 사람들을 모두 졸卒로 봅니다. 모두 자신의 밑에 있다고 보는 것이지요. 특히 단순한 일만 하는 기계공들을 아주 하찮게 봅니다. 법무팀에서 근무하는 변호사조차도 자신의 심부름꾼 정도로만 보니 오죽하겠어요? 그런데 사실 나 사장 자신이 기계공 출신이었습니다.

어쨌든 나 사장의 이런 오만한 태도가 직원들을 더욱 화나게 만듭니다. 모두들 밥줄을 지키기 위해서 꾹 참고 있지만, 언젠가는 한번 크게 터뜨릴 날이 올 것이라고 속으로 생각하고 있습니다. 직원들은 사장이 보이지 않는 곳에서 소위 '뒷담화'라는 것을 합니다. 몰래 욕하는 것이지요. 그런 사실쯤은 나 사장도 알고 있습니다. 그러나 나 사장은 그런 욕 따위에 꿈쩍도 하지 않으리라고 마음먹고 있습니다.

"어차피, 세상은 밟고 밟히는 거야 내가 힘이 있으니까 지놈들이 내 앞에서 굽실거리는 것이지."

나 사장은 이렇게 생각하며 더욱 힘이 있다는 것을 보여 주려고 합니다. 그래서 월급날이 되면 거들먹거려 보기도 합니다. 특히 상여금을 오십 퍼센트라도 지불하는 달에는 직원들을 모아 놓고 일장 훈계를 합니다.

"에, 사실 상반기 동안의 경영 실적은 형편없지만, 임직원들이 그동안 수고를 한 것에 대한 보답으로 이번에 상여금을 지급하게 되었습니다. 이 상여금이 주어진 만큼 더 열심히 일해 줄 것을 당부합니다."

이렇게 훈계를 하고 단상을 내려오는 사장의 어깨에는 힘이 들어가 있습니다. 박수를 치는 직원들의 시선 속에서 우월감을 느끼는 것이지요. 그러나 박수를 치는 직원들의 마음속에는 아니꼬움이 가득 차 있습니다. 그것은 임원들도 마찬가지이지요.

나 사장도 그런 것을 조금은 느낍니다. 직원들이 자신을 아니꼽게 생각한다는 것, 심지어 임원들도 언제든 자신을 배반할 수 있다는 것을 말입니다. 그러면 그럴수록 나 사장은 돈의 힘만 의지합니다.

"내년에는 확실히 생산 설비를 자동화해야겠어. 저 많은 직원을 내가 먹여 살리고 있는데도 고마워 할 줄을 몰라. 차라리 로봇이라면 말없이 더 많은 물건을 생산해 내지 않겠나 말이야."

사실 나 사장이 경영하는 공장의 생산성은 날이 갈수록 떨어지고 있습니다. 다른 회사들은 더 싸게 물건들을 만들어 내는데, 나 사장의 제품들은 점점 더 비싸게 만들어지고만 있습니다. 나 사장은 그 이유가 직원들이 게으르기 때문이라고 생각합니다.

"저렇게 게을러터진 놈들을 데리고 일하느니, 차라리 공장

문을 닫고 말겠다."

 사실 나 사장은 얼마 전부터 공장을 중국과 같이 임금이 싼 곳으로 옮기려는 생각을 하고 있었습니다. 그렇지 않으면 로봇을 도입해서라도 직원들을 줄일 생각이었지요.

"직원들이 게을러서 그래."

 나 사장은 이제 직원들에 대한 기대를 완전히 접었습니다. 그저 시키는 대로만 일하는 직원들이 싫어졌습니다. 그래서 직원들만 보면 언성을 높입니다.

"이봐, 한 차장. 이 따위로 일을 할 거야?"

"이봐요, 김 이사. 당신이 하는 일이 뭐야? 나를 대신해서 관리를 잘해야 할 거 아니요."

"어이, 김 씨. 그렇게 담배 피우고 싶으면 나가서 피워. 다신 들이오지 말고 말이야."

 세상에 이런 사장이 다 있을까요? 너무 매몰차지 않습니까? 그렇지만 속을 들여다보면 이런 생각을 하는 사장들이 한둘이 아닙니다. 천 명이 이런 생각을 가지고 있다면 그중에 서너 명 정도만 자기 생각을 나타낼 뿐이니까요. 천 명 중에 열 명도 넘는 사람들, 아니 어쩌면 백 명도 넘는 사람들이 나 사장 같은 태도를 가지고도 겉으로는 표현하지 않습니다.

 왜 그러냐고요? 그게 자본주의 사회에서 살아남는 법이라고 생각하기 때문이지요. 자본을 가진 자가 왕이고, 자본을 가진 자의 뜻대로 무엇이든 할 수 있는 게 자본주의 사회라고 생각하기 때문이지요. 그런 사람들이 많은 한국은 돈 가진 사람들의 천국으로 불리고 있지요. 한 번씩 해외에 살다 들어온 사람들이 한결같이 하는 말이 있지요.

"한국만큼 살기 좋은 곳이 없다. 돈만 있으면……."

예, 돈만 있으면 못할 것이 없는 곳이 한국입니다. 돈이 있으면 자격증도 빌릴 수 있고, 돈이 있으면 어여쁜 처자도 얻을 수 있습니다. 돈이 있으면 명사 대접을 받고, 돈이 있으면 상류층 행세를 할 수 있습니다. 돈이 있으면 못 갈 곳이 없고, 돈이 있으면 벌도 적게 받습니다. 어디 법원의 높은 자리를 차지하다 나와 전관예우라며 대접받는 판사 출신 변호사를 돈으로 사고, 어디 검찰청의 높은 자리를 박차고 나오신, 정의롭다고 자부하며 검찰청에 넓은 인맥을 쌓아 둔 검사 출신 변호사를 돈으로 살 수 있으니까 말이죠. 그러면 없던 진실이 갑자기 나타나고, 보이지 않던 증거가 명백해집니다. 자기의 유죄를 무죄로 만들어 줄 증거 말이지요. 아무리 고상한 인품을 가진 사람일지라도 돈이 없으면 범죄자 취급을 받는 곳이 한국이기도 하니까요.

너무 부정적으로 본다고요? 천만에요. 바로 이런 생각이 나 사장 같은 사람들의 평균적인 생각입니다. 그래서 돈을 벌기 위해서라면 무슨 짓이든 서슴지 않습니다. 법을 어기고, 뇌물을 주어서 법을 바꾸고, 심지어 대통령 자리도 돈으로 바꿀 수 있다고 생각하는 사람들이 있는 세상이니까요.

그래서 나 사장은 더욱더 돈에 집착합니다. 어떻게든 한 푼이라도 더 벌려고 애씁니다. 무슨 수를 써서든 손해 보지 않으려고 합니다. 나 사장은 자신이 그런 태도를 지녔기 때문에 그나마 여기까지 왔다고 생각합니다. 대기업은 아니지만, 나름대로 인정받는 중견 기업을 세운 것도 다 돈을 사랑했기 때문이라고 생각합니다.

그에게는 돈이 신입니다. 돈만 가지면 못할 것이 없다는 생각입니다. 그래서 직원들을 졸로 보는 것입니다. 신의 경지에 오른 돈을 주무르는 나 사장은 신보다 더 위에 있다고 생각하기 때문입니다. 나 사장은 돈의 신이었습니다. 그래서 나 사장은 자신을 스스로 '돈의 신'이라고 불렀고, 직원들은 '돈신'이라고 부르기도 하고 '똥신'이라고 낮춰서 부르기도 하였습니다.

좌절

　나 사장이 돈의 신으로 군림하는 동안에도 세월은 흘러만 갑니다. 어느새 나 사장의 얼굴에는 주름이 가득해졌습니다. 나 사장은 그런 자신의 모습이 싫었습니다. 그래서 몸에 좋다는 것은 뭐든지 먹었습니다. 심지어 불법으로 잡은 천연기념물도 먹어 보았고, 살아 있는 곰의 쓸개에서 담즙을 호스로 꺼내어 마셔 보기도 하였습니다. 그러나 돈의 신도 세월 앞에서는 어찌하지 못합니다. 나 사장은 어느새 중년을 넘어 늙은이가 되었습니다.

　돈의 신인 나 사장이 또 해결하지 못한 일이 있었습니다. 사랑하는 아들이 심하게 병이 들은 적이 있었습니다. 나 사장은 돈의 신이기 때문에 그깟 병이 두렵지 않았습니다.

"까짓 거, 외국의 유명한 의사에게 맡기면 되지."

그러나 수억 원을 들여 외국의 유명한 의사에게 아들을 맡겨 보았지만 아들은 죽고 말았습니다. 돈의 신도 할 수 없는 일이 있었던 것이지요.

아들이 죽어 나가는 상황에서도 회사 직원들은 매몰차게 노동 운동을 펼쳤습니다. 그러더니 급기야는 공장 문을 차지하고는 아무도 공장 안으로 들어가지 못하게 하였습니다. 그들은 이렇게 외쳤습니다.

"악덕 자본가 나대로는 물러가라."

"밀린 월급을 지급하라."

"회사 자금을 빼돌려 땅 투기한 나대로는 각성하라."

나 사장은 기가 찼습니다. 지금까지 먹여 살려 줬는데도 불구하고 직원들이 배은망덕하게 행동하는 것이 도를 넘었다는 생각이 들었습니다.

"이놈들아, 회사가 어려울 때 네들이 한 게 뭐야? 적자투성이로 만든 것도 네 놈들이 아니냐? 네 놈들이 부지런히 일했어 봐. 회사가 이 지경까지 왔겠는가 말이야."

사실 나 사장의 공장은 어느새 적자 공장이 되어 버렸습니다. 사장에게 인간미를 느끼지 못하는 직원들은 사장이 볼 때만 마지못해 일하는 척 하였습니다. 사장이 보이지 않을 때에는 화투 놀이도 하고, 담배도 피우고, 대충 때우는 식으로 일을 하였지요. 기계가 고장이 나도 애써 수리하지도 않았습니다. 덕분에 기계들이 빠르게 고장이 났습니다. 기계가 고장이 나니 애써 만든 제품들에도 흠이 생기기 시작하였지요. 덕분에 제품을 구입한 소비자의 항의가 이어졌습니다.

나 사장은 그런 직원들이 야속하기만 합니다. 더군다나 아들놈이 죽어서 가뜩이나 마음이 상해 있는 사장을 배려하지 않는 직원들이 짐승처럼 보였습니다.

"저놈들은 제 목에 뭘 채워 주지 않으면 아무 것도 할 수 없는 놈들이야."

나 사장은 이렇게 생각하고는 당장 은행으로 달려가 대출을 받아서 로봇들을 들여왔습니다.

"너희들은 이제 다 죽었어."

나 사장은 당장 중국으로 공장을 이전하고 싶었지만, 중국에 대해서 아는 게 없는지라 어쩔 수 없이 로봇을 도입한 것이었습니다. 로봇을 도입하고 나서 나 사장은 차례로 직원들을 해고해 나가기 시작하였습니다.

제일 먼저 생산직 직원들을 절반 가까이 해고했습니다. 다음에는 사무직 직원들을 대부분 정규직에서 계약직으로 돌렸습니다. 그리고 임원들도 절반은 잘라 내었습니다. 어떻게 그런 일이 가능하냐고요? 법이 있는데 그런 식으로 사장 마음대로 하는 것이 불가능하다고요? 글쎄요. 저는 잘 모릅니다만 돈의 신에게는 안 되는 일이 없었던 모양입니다. 돈의 신이니까요. 신 같은 돈을 부리는 돈의 신이니 그 권력이 보통이겠어요? 법을 하나도 어기지 않고도 그렇게 직원을 잘라 내는 분이 제 주위에도 있더란 말이지요.

나 사장은 이제야말로 한숨 뻗고 잘 수 있겠다고 생각했습니다. 아들이 죽은 후로 늘 긴장만 되었는데, 이제는 회사의 구조조정도 어느 정도 마무리 되었고, 게다가 로봇이 들어온 후로 생산성도 높아졌으니 탄탄대로가 놓인 것처럼 보였습니다.

그렇게 나 사장이 돈의 신으로서 승리를 쟁취한 후에도 세월은 흘러갔습니다. 어느새 로봇은 여기저기 고장이 났고, 로봇을 유지하기가 여간 벅찬 것이 아니었습니다. 나 사장의 회사보다 더 좋은 로봇을 도입한 경쟁 회사에서 더 싸고 품질 좋은 제품들을 내놓았습니다. 덕분에 나 사장의 회사는 다시 적자를 보았지요. 월급도 많이 밀렸습니다.

그러자 이번에도 직원들이 들고 일어섰습니다.

"악덕 기업주 나대로는 물러나라."

"밀린 월급을 지불하라."

"직원들의 피를 빨아서 엄청난 땅을 산 나대로는 반성하라."

사실 나 사장은 회사에 적자가 나는 상황에서도 꽤 많은 땅을 사고, 큰 집을 지었습니다. 나 사장은 너무도 피곤한 인생에서 쉼터가 필요하다는 생각을 한 것이지요. 하지만 쉼터는 명분이었고 회사가 망해도 잘 먹고 잘 살려고 준비해 둔 것이었지요. 그런데 그것이 그만 직원들에게 알려지고 말았습니다. 그래도 나 사장은 전혀 개의치 않았습니다.

"그래, 이놈들아. 내 돈 벌어서 내가 사는데 뭔 상관이야?"

사실 나 사장이 땅을 사고 집을 지을 때 쓴 돈은 회사 돈이었습니다. 비록 주식회사이기는 하지만 회사가 자기 것이라고 생각한 나 사장에게는 회사 돈이 곧 쌈짓돈이었습니다. 그렇지만 이것은 명백히 불법이었습니다. 덕분에 나 사장은 노조에 의해 고소를 당했지요. 배임죄와 횡령죄라는 죄목으로 말이지요. 이번에도 나 사장은 최고의 법률 서비스를 제공한다는 로펌 즉, 법률 회사에 자신의 변호를 맡겼습니다. 1심에서는 징역형이 나오더니, 2심에서는 벌금형으로 바뀌었습니다. 국가 경제를 생각하여 벌금형으로 대신한다는 것이 판사의 생각이었던 모양입니다.

"그럼 그렇지. 우리 같은 기업인이 없으면 나라가 부강해지겠어?"

　나 사장은 아주 기분이 좋아졌습니다. 벌금이라고 해 봐야 나 사장에게는 껌 값에 불과했습니다. 보통 사람이라면 그런 벌금조차 내기 힘들겠지만 말이죠.

돈신의 승리

 그런데 이번에 벌금을 물은 일로 나 사장은 나름 심각해졌습니다. 자기 나름대로는 열심히 직원들을 먹여 살려 주었는데도 불구하고, 직원들이 고마워할 줄을 모른다는 생각이 든 것이죠. 그래서 나 사장은 다시 한 번 강력히 구조조정을 하여 괘씸한 노조원들을 쫓아낼 생각을 하였습니다. 그래 보았자 적자인 회사가 크게 나아질 것은 없었습니다. 처음에 나 사장은 직장 폐쇄를 생각해 보았습니다. 하지만 그렇게 되면 나 사장의 손해도 이만저만이 아니었습니다. 그러다가 나 사장은 좋은 아이디어를 떠올렸습니다.
 "그래, 이번에는 아예 회사를 매각하자. 그리고 그 돈으로

다른 사업을 해보는 거야. 처음부터 공장을 중국에 세워야겠어."

이것이 나 사장의 생각이었습니다. 돈의 힘을 잘 알기 때문에 돈을 벌고 싶은 욕심은 계속 났고, 그렇다고 매일같이 투쟁만 하는 노조와 다투는 것도 이력이 난 것입니다. 나 사장은 결심한 대로 곧바로 밀어 붙이기로 하였습니다.

나 사장은 큰 공장 몇 개를 가지고 비교적 성공한 축에 드는, 친구를 찾아가기로 하였습니다. 나 사장은 그 친구가 자신보다 악당이어서 노조쯤은 순식간에 해체하고 다시는 노조를 설립하지 못하게 할 것이라고 생각했습니다. 나 사장은 가는 길에 친구에게 줄 간단한 선물을 살 생각을 하였습니다. 평소 같으면 그런 선물을 사는 것조차 아까워했겠지만, 이번에는 나 사장이 굽히고 들어가야만 했기 때문입니다. 나 사상은 친구의 회사 근처에 있는 제과점 앞에 차를 대었습니다. 나 사장은 평소에 하던 대로 편리한 곳에 차를 대었습니다. 그곳은 바로 횡단보도였습니다. 횡단보도를 떡하니 가로막고 댄 차를 보고 사람들이 수군거립니다. 누군가가 와서 따집니다.

"아니, 다른 사람을 생각하지도 않고 이렇게 횡단보도에 차를 대시면 어떡합니까?"

하지만 그 정도의 항의에 넘어갈 나 사장이 아닙니다.

"이 사람아, 잠깐 볼일 좀 보고 올 거야. 다들 그렇게 사는 거지 뭐. 당신은 신호 위반 한 번 안했어?"

"이건 경우가 다르잖아요."

"다르긴 뭐가 달라. 다들 그렇게 서로 편리를 봐주면서 사는 거지."

"하지만 당신의 편리를 위해서 다른 사람들을 불편하게 하면 되겠습니까?"

"아니, 이 사람이! 오늘 기분도 언짢은데 말 섞지 맙시다."

나 사장은 그렇게 말하고는 뒤도 돌아보지 않고 제과점으로 들어갑니다. 그러고는 케이크 하나를 사 들고는 바로 출발합니다. 나 사장의 차를 보고 욕하는 소리들이 나 사장의 귀에 들려오는 듯합니다. 하지만 나 사장은 생각해 봅니다. 한국사람 치고 남을 배려하면서 사는 사람이 얼마나 되는가 하고 말이죠. 남에게 자신의 시간 일부를 내어 주면서까지, 자신의 불편을 감수하면서까지 남을 생각하는 사람이 있는가 하고 말이죠.

어쨌든 나 사장은 조금 언짢은 기분으로 친구의 회사에 도착하였습니다. 그러고는 친구 얼굴을 보자마자 대뜸 이렇게 이야기합니다.

"이봐 친구, 내 회사를 인수할 생각 있어?"

"아니 왜?"

"그냥, 그럴 일이 있어서 말이야."

나 사장의 친구 또한 나 사장의 성격을 잘 알고 있었습니다. 다른 사람의 입장을 그다지 배려하지 않고, 자신의 목적 달성을 위해서는 무엇이든 빨리 처리해야 한다고 생각하는 나 사장의 성격을 말이죠. 다행히 나 사장의 친구 또한 나 사장과 비슷한 성격입니다. 그래서 둘은 죽이 잘 맞습니다. 얼마간의 대화가 끝나자마자 친구는 나 사장의 회사로 실사단을 보내겠다고 하였습니다.

말이 실사단이지 직원 몇 명과 회계사 한 명이 전부였습니다. 실사단이 와서 회사 이곳저곳을 둘러보고, 공장들을 살피고, 여러 가지 장부를 검토하기 시작합니다. 그러자 회사는 온통 벌집 쑤신 듯이 난리가 났습니다. 직원들의 표정이 어두워졌습니다. 그동안 너무 노조 활동만 해온 것은 아닌가 하고 후회하는 사람마저 생겨납니다. 그러나 때는 이미 늦어 버렸습니다. 이제 자신들의 운명을 사장의 손에 맡겨야 할 형편이 된 것입니다. 사장이 지금까지 보여 온 태도로 보아서는 인수하는 측에 고용 승계를 부탁할 리도 없었습니다. 인수하는 측에서 고용을 승계하지 않겠다고 하면 모두 잘리는 수밖에 없는 것이지요. 직원들은 그때서야 사장과 잘 지내지 못한 것이 후회가 됩니다. 그러면 뭐하겠습니까? 이미 틀어져 버릴 대로 틀어져 버린 사이인 것을요.

그런 직원들의 수군거림과 어두워진 표정을 보면서 나대로 사장은 쾌재를 불렀습니다.

"그것 봐라, 이놈들아. 돈의 힘이 얼마나 무서운지 알겠지? 너희는 끈 떨어진 오리 알 신세지만, 나에게는 여전히 황금이 있단 말이다. 난 너희가 없어도 언제든지 회사 몇 개를 가볍게 차릴 수 있단 말이다."

더 강력한 신

그렇게 실사단이 회사를 낱낱이 조사하는 동안에 돈신의 친구는 나름대로 이것저것 재 보았습니다. 그리고 결론을 내렸지요.

"그래, 인수 가격을 후려치는 거야."

사실 후려친다는 말, 상스럽게 느껴질 수도 있겠지요. 그렇지만 장사꾼인 돈신의 친구에게는 그것이 무척이나 정감 있는 말이었습니다. 무엇이든 후려쳐서 산 다음에, 훨씬 비싸게 파는 것이 돈신의 친구가 가진 능력이었으니까요. 많이 후려칠수록 그만큼 능력이 많다는 이야기도 되었습니다. 그래서 돈신의 친구는 돈신보다 더 강력한 힘을 지닌 신이었습니다.

실사가 끝나고 마침내 돈신과 그의 친구가 협상을 할 차례가 되었습니다. 먼저 친구가 말을 꺼냈습니다.

"실사단이 세상 물정을 모르는 것 같아. 내가 실사 금액의 절반을 쳐 주지."

돈신은 속으로 화를 내며 생각했습니다.

'이런 후레자식 같으니라고. 실사 금액의 두 배를 받아도 모자랄 판에 절반으로 후려치겠다고?'

돈신은 자기보다 더 강력한 힘을 내는 신이 있다는 것을 미처 몰랐습니다. 이제야 만난 것이지요. 그것도 바로 자기 친구 안에서 그 신을 찾아볼 수 있었습니다. 돈신은 화를 억누르며 다시 한 번 말했습니다.

"이보게 친구, 그건 좀 과하시. 그러시 말고 실사단이 세시한 금액으로 인수 금액을 정함세."

이렇게 부드러운 말로 친구의 마음을 돌려보려 하였지만, 돈의 신을 능가하는 신이 그 따위 말에 흔들릴 리가 없습니다.

"실사 금액의 절반에 넘기고 싶으면 넘기고 말려면 말게. 적자 나는 회사를 인수해서 뭐에 쓰겠나? 자네가 내 친구라서 짐을 대신 져 준다는 생각으로 인수하겠다고 한 건데. 그보다 더 싼 값에 회사를 넘기겠다는 사람들이 줄을 섰어."

역시 친구의 내공은 컸습니다. 내공을 기르지 못한 것을 후회하며 돈신은 잠시 바람을 쐬기 위해 사무실 밖으로 나왔습니다.

이정표

 친구 회사의 사무실은 공장과 바로 맞붙어 있었습니다. 친구의 공장은 오래되기는 하였지만 워낙에 규모가 커서, 이리저리 다녀 보아도 어디가 어딘지 알지 못할 정도였습니다. 그렇게 나 사장은 공장을 휘둘러보고 있었습니다. 그리고 겨우겨우 다시 사무실의 입구를 찾아내었습니다.

 바로 그때, 나 사장의 눈에 한 사람의 모습이 나타났습니다. 그는 공장의 여러 부서를 알려주는 이정표를 들고 있었습니다. 그러고는 그 이정표들을 다른 직원들에게 시켜 공장 곳곳에 세우도록 지시하였습니다. 나 사장은 갑자기 그가 하는 일이 궁금해졌습니다. 이미 낡을 대로 낡아 버린 공장, 그것도 곧 중국으로 이전하려고 하는 공장에 이정표를 세워서 무엇 하려는지 궁금해졌기 때문입니다. 나 사장은 평소에 하던 말투대로 그 사람을 하대하여 불렀습니다.

"어이, 거기. 지금 뭐하나?"

보통 사람 같으면 처음 보는 사람이 자기를 하대하여 반말로 부른다면 기분이 나쁠 것이 분명합니다. 그런데 이정표를 나누어 주던 직원은 나 사장에게 웃음을 띠며 다가섭니다. 그러고는 공손히 대답합니다.

"아, 예. 안녕하세요. 저희 공장을 안내하는 이정표를 세우고 있습니다."

"이정표는 세워서 뭐하게. 어차피 중국으로 옮길 공장인데."

"그렇긴 하지만 일단은 세워 두는 게 좋겠다 싶어서 말입니다."

"쓸데없는 일을 하는 군."

나 사장이 이렇게 핀잔을 주었지만 그 직원은 여전히 웃음을 띠고만 있습니다. 나 사장은 갑자기 이 직원이 뭐하는 사람인지 궁금해집니다.

"지금 여기서 맡고 있는 일이 뭐지?"

"총무과에 소속된 봉 주임이라고 합니다."

"봉 씨? 방 씨가 아니고?"

"예, 봉 주임입니다."

"그런 성도 있었나?"

여전히 봉 주임은 미소를 띠고만 있습니다. 나 사장은 다시 화제를 돌렸습니다.

"그건 그렇고 그렇게 쓸데없는 일을 하면 자네 사장이 가만두나?"

나 사장의 말이 끝나기가 무섭게 친구가 봉 주임을 사무실로 불러들였습니다. 봉 주임은 나 사장을 향하여 가볍게 목례를 하고는 사장실로 올라갔습니다. 그러고는 한참이 지난 후에 봉 주임이 아까보다는 무거워 보이는 표정으로 나옵니다. 나 사장은 무슨 일이 있었을지 짐작이 갔습니다. 아마도 쓸데없는 일을 왜 하냐는 편잔을 받고 나온 것이라고 생각해 봅니다. 나 사장은 자신의 생각이 맞을 것이라는 것을 확인해 보고 싶어 봉 주임에게 물었습니다.

"그래, 봉 주임. 쓸데없이 이정표를 세운다고 사장에게 혼났지?"

"예, 혼은 났지만 우리 사장님을 설득했습니다."

"어떻게?"

나 사장은 봉 주임이 친구를 설득했다는 것이 믿겨지지 않아 약간 놀라듯이 물었습니다. 비록 고향 친구이기는 해도 바늘 하나 들어가지 않을 위인이 친구였습니다. 심지어 자신의 공장 인수 가격을 절반으로 후려친 친구가 아닙니까? 십 원짜리 하나에도 바들바들 떠는 것이 친구였습니다. 그런데 꽤 많은 돈을 들여야 하는 이정표 세우는 일을 허락한 이유가 궁금했습니다. 그래서 나 사장은 다시 한 번 물어봅니다.

"아니, 어떻게 그 깐깐한 친구가 쓸데없어 보이는 일을 해도 좋다고 한 거지?"

나 사장은 이렇게 말하며 은근히 자기의 친구를 비꼽니다. 그런데 나 사장의 태도와는 상관없이 봉 주임이 여전히 미소를 띠며 부드럽게 대답합니다.

"사실, 우리 사장님은 저를 믿으십니다."

"봉 주임을 믿는다고?"

"예, 처음에는 저를 믿지 못하셨지만, 점점 더 제가 하는 일을 믿어 주십니다."

나 사장은 조금 놀랐습니다. 사람들을 믿지 못하고, 오직 돈만 아는 인간이 바로 친구였습니다. 물론 나 사장도 그런 친구와 다를 바가 없었습니다. 그런데 봉 주임이란 사람을 믿어 주다니 그 사실이 믿기지 않았습니다. 바로 그때 친구가 나 사장을 다시 불렀습니다. 아마도 협상을 마무리 짓자는 뜻이겠지요. 그렇지만 궁금증을 풀지 못하면 안달이 나는 나 사장은 먼저 봉 주임을 왜 믿게 되었는지 친구에게 물어 보았습니다. 친구의 대답은 간단했습니다.

"글쎄, 왜 그런지 모르겠지만, 봉 주임이 회사에 들어온 뒤로 회사가 날로 잘되고 있어. 일종의 징크스라고 할 수도 있겠지만, 어쨌든 사실이야. 근데 그 놈은 늘 내 생각과는 반대로 움직여. 이정표를 세우는 일만 해도 그래. 어째 그리 쓸데없는 데에 돈을 쓰는지 말이야. 그래서 내가 비용을 아끼라고 핀잔을 주었는데, 결국 내가 설득당하고 말았어."

나 사장은 궁금증이 더 커져 몸을 친구 쪽으로 숙이며 다시 물어봅니다.

"어떻게 설득당했는데?"

그런데 친구는 대답을 하지 않습니다. 그러고는 화제를 돌려버립니다.

"그런 것에 궁금해 하지 말고, 우리 협상이나 마무리 짓지?"

친구는 나 사장을 채근하였습니다. 친구는 헐값에 나 사장의 공장을 얻을 수 있을 거라는 생각에 가슴속으로 안달복달을 하고 있는 것입니다. 그렇지만 나 사장도 만만치 않은 사람입니다. 친구의 속내 따위는 일찍부터 간파할 정도니까 말입니다.

'흥, 제깟 놈의 속셈을 모를 줄 알고? 헐값에 살 수만 있으면 돈을 벌 수 있겠다는 생각이겠지. 그리고 제 놈 공장이 잘되는 비결을 나한테는 알려주기 싫다 이거지? 그리고 그 비밀은 바로 봉 주임이 쥐고 있다는 이야기라 이거지? 봉 주임이 온 후로 회사가 점점 잘되고 있으니 말이야.'

나 사장은 속으로 이렇게 생각하고는 "아니야, 조금 더 생각할 시간을 줘. 사실 나도 그리 급하지는 않아. 뭐 더 좋은 가격을 주겠다는 사람이 한둘이겠어?"라고 말했습니다. 그러고는 화장실이 급하다는 핑계를 대고 사장실을 다시 나왔습니다. 이렇게 나 사장은 친구에게 '말 주먹' 하나를 날리고는 사장실을 빠져나왔습니다. 그러고는 열심히 봉 주임을 찾습니다. 봉 주임은 여전히 이성표들을 직원들에게 나누어 주고 있었습니다. 나 사장은 이번에는 나긋하게 봉 주임을 부릅니다.

"이봐요, 봉 주임."

봉 주임은 여전히 미소를 띤 채로 나 사장에게 다가옵니다. 나 사장은 봉 주임을 바라보다가 꼼수를 생각해 내었습니다.

'내가 사장 친구라는 것을 알면, 내가 묻는 말에 잘 대답해 주겠지?'

이렇게 생각한 나 사장은 봉 주임에게 자신이 사장 친구라는 것을 자랑스럽게 이야기했습니다.

"봉 주임, 사실 나는 자네 사장하고는 '불알 친구' 사이인데 말이야……."

그런데 나 사장의 말이 끝나기도 전에 봉 주임이 말을 잇습니다.

"예, 그러셨군요. 저는 동네 어르신인 줄 알았습니다. 여기는 준공업지구라서 공장과 주택이 섞여 있거든요. 그래서 그저 지나가는 동네 어르신인 줄 알았습니다."

나 사장은 자신을 사장으로 봐주지 않는 봉 주임이 건방져 보였지만, 일단은 회사를 잘되게 하는 비결을 알고 싶었기 때문에 꾹 참았습니다.

"그나저나 봉 주임, 이정표는 뭐하려고 세우나?"

나 사장은 "회사를 잘되게 하는 비결이 뭐냐?"고 단도직입적으로 묻고 싶었지만, 그러면 자신의 의도가 드러날 것 같아 참았습니다. 대신에 에둘러서 그것들을 알아내기로 마음먹었습니다. 그래서 나 사장은 이정표 이야기로 봉 주임의 비결을 캐내는 일을 시작하기로 한 것입니다.

"그야 이정표를 세우면 사람들이 길을 찾기가 쉽기 때문입니다. 저희 회사에서는 일용직 근로자를 많이 씁니다. 그런데 일용직 근로자들이 처음 회사에 와서 세면대며, 식당이며, 자기가 일하는 조組의 위치를 잘 못 찾더군요. 그래서 처음 오는 사람을 배려하기 위해서 이정표를 세우는 것입니다. 제가 오기 전까지는 그 누구도 이정표를 세우지 않았습니다."

"흠, 그래. 필요하긴 하겠군. 분명히 이정표를 세우면 아무래도 길을 찾는 시간을 아낄 수 있겠지. 길을 찾자면 또 다른 사람에게 물어보아야 할 테고 말이야. 이정표를 세우면 그런 시간을 줄여 주니 생산성을 높여 주는 일이 되기는 하는군. 하지만 곧 공장을 중국으로 이전할 거라는데 굳이 그렇게까지 할 필요가 있을까?"

나 사장은 이정표 하나를 세우는 봉 주임의 태도 속에서도 회사를 잘되게 하는 비결이 숨어 있을 것이라고 생각했습니다. 나 사장의 생각은 적중했습니다. 나 사장이 비록 사기만 아는 사람이기는 해도, 머리 쓰는 것은 여간내기가 아닙니다. 봉 주임의 대답이 나 사장이 똑똑하다는 것을 증명해 주었습니다.

"예, 사실 비용적인 면에서만 보면 이정표를 세우지 않는 것이 더 나을 수도 있습니다. 하지만 저는 보이는 비용이 비용의 전부가 아니라고 생각합니다."

"보이는 게 전부가 아니라고?"

"예, 그럼요."

"그러면 보이지 않는 것이 무엇이지?"

"글쎄요. 그것은 말로 표현하기가 어렵군요. 보이지 않는 것을 보이기가 쉽지 않아서 말이죠."

나 사장은 한 방 얻어맞은 기분이 들었습니다. 기껏 뭔가 알아낼 것 같다는 생각이었는데, 봉 주임은 더 어려운 이야기로 나 사장을 끌어들이고 있었습니다.

"흠."

나 사장은 가벼운 감탄사를 내뱉으면서 숨을 들이쉬었습니다. 이렇게 길이 막힐 때는 돌아서 가야 하는 법이지요. 나 사장은 잠시 대화를 멈추고 다시 사장실로 돌아갔습니다. 그러고는 소파에 앉아 곰곰이 생각해 봅니다.

"보이지 않는 그 무엇이라. 이정표를 세우지 않기 때문에 더 지불해야 하는 비용이 있다는 것인데. 거꾸로 이야기하면 이정표를 세우기 때문에 더 얻어지는 무엇도 있다는 이야기가 아닌가."

나 사장이 이렇게 생각하고 있을 동안에도 친구 사장은 다른 직원들을 불러서 돈을 허투루 쓴다고 계속 나무랍니다. 사실 나 사장도 자신의 회사에서 하는 일 중의 태반이 친구가 하는 일과 같았습니다. 늘 비용을 줄이고 더 많이 물건을 만들어 낼 것을 주문하고는 했지요. 그런데 아무래도 그렇게 해서 회사가 잘되는 데에는 한계가 있는 것 같았습니다. 지금 나 사장의 회사가 바로 그런 나 사장의 태도 때문에 문제를 일으키고 있으니까요. 나 사장은 친구를 가만히 쳐다보았습니다.

"그래, 너도 지금은 잘 나가고 있지만, 언젠가는 나처럼 될지도 모른다. 우리가 생각하는 거나 우리 태도에 뭔가 문제가 있어. 뭐가 문제일까?"

나 사장은 계속 숨을 들이키며 이런저런 생각을 해 보지만 정답이 쉽게 떠오르지 않습니다.

"아무래도 비결을 단도직입적으로 물어보는 편이 낫겠지."

그렇습니다. 나 사장은 제 길을 찾은 것입니다. 봉 주임에게 에둘러 물어보았기 때문에, 봉 주임도 에둘러 대답할 수밖에 없는 것이지요. 처음부터 봉 주임이 회사를 잘되게 하는 비결이 무엇이냐고 물었다면, 바로 답을 얻을 수 있었는지도 모릅니다.

"그래, 바로 그거야. 직접적으로 물어보자."

나 사장은 이렇게 결심하고는 자리를 박차고 일어나 사장실을 나왔습니다. 그러고 다시 한 번 봉 주임을 찾아보았습니다.

기니피그와 황금 돼지

하지만 봉 주임이 보이지 않았습니다. 나 사장은 봉 주임이 혹시 총무과로 갔는가 하여 총무과가 있는 곳을 찾아보았습니다. 그런데 이정표를 세우기 전에는 그렇게 헤매던 길이었는데, 봉 주임이 이정표를 세운 후로는 총무과를 찾기가 쉬웠습니다.

"음, 이정표의 효과를 바로 보는군. 확실히 생산성을 높일 수 있겠어."

나 사장은 이렇게 생각하며 총무과 직원들에게 봉 주임이 어디로 갔는지 물었습니다.

"예, 방금 회사 뒤편에 있는 공원으로 갔습니다."

"공원이라고? 공장에 공원이 다 있나?"

나 사장은 여전히 직원들을 하대하며 반말로 물어봅니다. 그런데도 직원들은 봉 주임과 마찬가지로 공손히 대답하여 줍니다.

"아, 공원이라고 할 것 까지는 없지만 저희는 그렇게 부릅니다. 저희가 직접 꾸민 공원이죠. 공원이라는 팻말을 따라 가시면 쉽게 찾을 수 있을 것입니다."

나 사장은 총무과 직원이 가르쳐 준 대로 이정표를 보고 공원이라는 곳을 찾아보았습니다. 그런데 마침 봉 주임이 나 사장 쪽으로 다가옵니다. 봉 주임의 품에는 작은 동물 한 마리가 들려 있었습니다.

"어, 봉 주임. 여기 있었구. 뭣 좀 물어보려고 하는데 말이야. 그런데 그건 뭐지?"

"아, 예. 요놈 건강 검진 좀 하려고요."

"그게 무슨 동물이지? 고슴도치도 아닌 것이 고슴도치처럼 생겼네."

"이건 기니피그라고 하는 겁니다."

"기니피그?"

"예, 황금 돼지를 낳는 기니피그죠."

"황금 돼지를 낳는다고?"

"예."

이렇게 말한 봉 주임은 기니피그를 사랑스럽다는 듯이 쓰다듬습니다. 기니피그는 그런 봉 주임을 한 번 흘끗 쳐다보더니 가만히 손길을 허락합니다.

"도대체 황금 돼지는 뭐고, 또 기니피그가 황금 돼지를 어떻게 낳을 수가 있지? 종이 다른 것 같은데."

"하하, 그건 비밀입니다."

"그러지 말고 무슨 말인지 알아들을 수 있게 좀 이야기해 봐."

나 사장은 배우는 처지인데도 여전히 반말로 봉 주임을 하대합니다. 마음속으로는 그래서는 안 된다고 생각하지만, 수십 년에 걸쳐 쌓아 온 습관이 쉽게 고쳐지지는 않는 모양입니다. 봉 주임은 그렇게 자신을 하대하고, 반말로 대하는 나 사장에 대해서 전혀 개의치 않는 눈치입니다. 이윽고, 봉 주임이 미소를 띠며 말합니다.

"요놈 말입니다. 시중에서는 몇 만원 주면 살 수 있는 저렴한 애완동물입니다. 그런데 요놈 때문에 회사 분위기가 확 바뀌었지요."

'오호라, 이제야 뭔가 비결이 드러나는구나.'

나 사장은 이렇게 생각하며 귀를 기울였습니다. 봉 주임의 말이 계속 이어집니다.

"제가 우리 회사에 처음 왔을 때, 회사의 분위기가 말이 아니었습니다. 서로 못 잡아먹어서 안달이 나 있었다고나 할까요? 사장님은 생산성을 올리기 위해서 간부들을 채근하고, 간부들은 사장님께 잘 보이기 위해서 하급 직원들을 마구 부려 대었습니다. 그러다보니 하급 직원들도 불만이 많고, 서로가 서로에게 짜증을 내고는 했습니다. 짜증이 나니 고객을 대할 때에도 불친절하기 일쑤였습니다."

여기까지 말을 한 봉 주임은 잠시 무엇인가를 회상하고는 말을 이었습니다.

"나 사장님, 제가 거래하는 한 은행이 있었습니다. 그런데 직원들이 보통 불친절한 게 아니었습니다. 한 번 거래를 하러 가면 몇십 분씩 기다리게 하는 것은 예사였습니다. 그동안 직원들은 자기들끼리 수다를 떨기도 하더군요. 저는 그런 불친절을 보고 그 회사의 많은 부분을 짐작해 볼 수 있었습니다. 창구 직원들이 불친절하다는 것은 그 회사의 운영에 문제가 있기 때문이라고 생각했습니다. 아니나 다를까, 얼마 있지 않아서 그 은행은 망했습니다. 그 은행뿐만이 아닙니다. 제가 어떤 회사를 가면 그 직원들이 친절한지 아닌지를 보고 그 회사가 흥해 가는 회사인지 망해 가는 회사인지를 쉽게 알 수 있습니다."

여기까지 이야기한 봉 주임은 다시 본론으로 돌아왔습니다.

"어쨌든 제가 처음 입사했을 때에 본 우리 회사가 그렇게 망하기 직전의 은행과 다를 바가 없었습니다."

봉 주임이 하는 말을 듣고 나 사장은 약간 찔렸습니다. 사실 나 사장의 회사가 딱 그 모양이었으니 말입니다.

"그래서?"

나 사장은 더욱더 귀를 기울일 수밖에 없었습니다. 어쩌면 자신과 자신의 회사가 안고 있는 문제를 해결할 수도 있을 것 같았기 때문입니다.

"그래서 어떻게 되었는데?"

"어떻게 되긴요. 지금 보시는 것처럼 우리 회사는 잘 나가고 있지 않습니까? 분위기도 좋고요. 이제 우리 사장님만 조금 더 변하시면 회사는 백 점짜리가 될 겁니다."

나 사장은 변화라는 말에 귀가 솔깃합니다. 살기 위해서는 변해야 한다는 말을 거의 모든 사람들이 외치는 것이 현실이기 때문입니다. 그런데 친구네 회사는 성공적으로 변했다고 봉 주임이 말하는 것이 아닙니까? 나 사장은 어떻게 변했는지 궁금해져 미칠 것만 같습니다. 그 변화하는 방법만 안다면 나 사장도 그리고 나 사장의 회사도 잘될 것만 같았습니다. 그러면 굳이 회사를 매각하지 않고도 흑자를 볼 수 있을 것만 같습니다. 그렇지만 나 사장은 아직 종잡을 수가 없습니다. 기니피그 한 마리가 어떻게 회사를 변화시킨 건지 이해되지 않습니다. 그래서 다시 한 번 물어봅니다.

"아니, 그렇게 서로 잡아먹을 듯이 분위기 험악한 회사가 기니피그 한 마리 때문에 변화되고, 지금 이렇게 잘 나가고 있다는 말이야?"

"음, 글쎄요. 성공적으로 변화해서 회사가 얻게 된 모든 좋은 것들, 그것이 생산성이든, 수익이든, 또는 좋은 분위기이든 이것들을 황금 돼지라고 말하는 것입니다. 그러니, 기니피그가 황금 돼지를 낳았다고 말씀드리는 것입니다."

나 사장은 이제야 황금 돼지의 의미를 이해했습니다. 황금 돼지란 회사에 득이 되고, 직원에게 득이 되는 모든 것을 상징하는 것이었습니다. 회사의 입장에서 보아서는 상품이 잘 팔리고, 상품이 널리 알려지고, 고객이 믿고 사주고, 이익이 많이 나는 것 등이 다 해당될 것입니다. 직원의 입장에서라면 일하고 싶은 분위기, 적당한 월급, 좋은 인간관계 등이 포함될 것입니다. 그렇지만, 황금 돼지를 낳게 하는 기니피그는 또 무엇이란 말입니까? 나 사장의 궁금증이 차오릅니다.

"봉 주임, 황금 돼지의 의미는 이해하겠지만 기니피그가 무엇을 상징하는지 아직도 모르겠는 걸?"

"제가 이 기니피그를 처음에 회사로 데려 왔을 때 얼마나 반대가 심했는지 모릅니다. 사장님은 저에게 쓸데없는 일을 한다고 핀잔을 주셨죠. 동료 직원들도 저를 괴짜로 보았습니다. 그런데 제가 이 기니피그를 기르자 어떻게 되었는지 아십니까?"

"음, 어떻게 되었을까?"

"처음에는 아무도 관심을 두지 않더니, 차츰 한두 사람씩 기니피그에게 먹이도 주고 예뻐해 주는 겁니다. 그러다 보니 저희 총무과의 분위기도 좋아졌지요. 누가 먼저랄 것도 없이 먼저 먹이를 주다보니, 서로 자연스럽게 기니피그를 돌보는 일로 화제를 삼았습니다. 그렇게 총무과의 분위기가 좋아지니, 총무과를 들르는 사람들이 좋아하였습니다."

나 사장은 봉 주임의 이야기에 수긍합니다. 그리고 나름대로 봉 주임의 이야기를 해석해 봅니다.

"그렇군. 사실 동물을 기르는 것이 사람의 감성을 자극해서 우울증을 덜어 주고, 또 사고도 줄여 준다는 이야기가 있지. 그만큼 생산성도 높아지고 말이야."

나 사장이 이렇게 이야기하자 봉 주임이 민망할 정도로 나 사장을 빤히 쳐다봅니다. 그러고는 이렇게 말하는 것이었습니다.

"우리 사장님처럼 말씀하시는군요."

나 사장의 몸이 움찔했습니다. 평소 같으면 그러지 않았을 것입니다. 평소 직원들이 봉 주임처럼 이야기하면 건방지다며 크게 호통을 쳤을 것입니다. 하지만 왠지 봉 주임 앞에서는 그럴 수가 없습니다. 오히려 '내가 뭘 잘못했나?'라는 생각이 들 정도입니다. 나 사장은 갑자기 자신이 서 있는 자리가 불편해졌습니다.

"봉 주임, 나, 잠깐 화장실에 좀 다녀올게."

이렇게 말하고는 나 사장은 얼른 자리를 피해 화장실로 달려갔습니다. 화장실 거울을 바라보며 나 사장은 이상하게 변해 버린 자신의 모습이 무려워지기까지 합니다.

'내가 왜 이러지? 주임급이면 초짜가 아닌가. 그런데 왜 내가 두렵지? 왜 내가 봉 주임 앞에서는 작아지는 거지?'

나 사장은 다시 독하게 마음먹기로 했습니다. 아무 것도 없는 빈털터리로서 자수성가한 비결은 바로 독한 마음이었다고 나 사장은 생각하고 있습니다. 주위 사람들이 "눈물도 콧물도 없는 놈!", "바늘 하나도 들어갈 자리 없는 철면피!"라고 욕을 하는 것을 전해 들으면서도 악착같이 돈을 모아 온 나 사장이었습니다. 그만큼 독하지 않으면 살아남기 힘든 세상이라고 생각해 왔습니다. 그래서 독해졌습니다. 그래서 강해졌다고 생각했습니다. 그런데 한낱 주임이라는 사람 앞에서 자신의 기운이 무너지는 것이 이해가 되지 않습니다. 그래서 마음을 고쳐먹고 일부러 험악한 표정을 지어 봅니다. 거울 속의 자신이 원래의 모습으로 돌아온 듯합니다. 나 사장은 그 표정을 잃지 않으려고 애쓰며 화장실을 나왔습니다. 그리고 봉 주임 앞으로 갔습니다. 나 사장이 무엇인가를 말하려고 하는 찰나에 봉 주임이 먼저 말을 꺼냅니다.

"우리 회사가 인수하려고 하는 공장의 사장님이시기도 하다는 이야기를 조금 전에 들었습니다."

"어? 그래……."

나 사장은 단 두 마디를 대답하기도 벅찼습니다. 나 사장은 속으로 계속 '내가 왜 이러지?'라는 말을 되풀이하여 봅니다.

"그런데 어찌 그리 우리 사장님하고 닮으셨습니까?"

"무슨 소리야?"

"단지 생산성을 높이기 위해서 기니피그를 기른다면 야비한 게 아닐까요? 모든 것을 생산성, 비용, 돈으로만 계산하는 것은 너무 야비한 행동이 아니냔 말입니다."

나 사장은 할 말을 잃었습니다. 뭐라고 대답해야 할지 막막해졌습니다. 미처 무슨 말을 하기도 전에 봉 주임의 이야기가 다시 이어집니다.

"좋은 결과를 얻기 위해서만 기니피그를 기른다는 것은 문제가 있다는 말입니다. 마치 돈 많은 신랑을 얻어 잘 살아보려고 사랑을 하는 것이 문제가 있는 것처럼 말입니다. 거꾸로 사랑하기 때문에 행복해지고 돈까지 번다면 더 좋지 않겠습니까?"

봉 주임의 속사포 같은 이야기에 잠시 당황한 나 사장은 숨을 고르고 이것저것을 생각해 봅니다. 그러고는 다시 봉 주임에게 물어봅니다.

"그러니까 봉 주임의 이야기에 의하면, 그저 동료 직원들을 사랑해서 기니피그를 기르려 했고, 그러다보니 자연스럽게 생산성도 향상된 것이지, 생산성을 높이기 위해서 기니피그를 사온 것은 아니라는 말이지?"

"그렇습니다. 복을 받기 위해 신을 믿는 것은 문제가 있지만, 신을 믿기 때문에 복을 받는 것은 문제가 없다고 생각합니다. 부자 청년을 두고서, 잘 먹고 잘 살기 위해서 사랑하는 처녀와, 그 청년을 그저 사랑하기 때문에 나중에 잘 먹고 잘 살게 된 처녀 중에 누가 더 옳다고 생각하십니까?"

"그거야 후자지."

"그렇죠? 사랑이 먼저고, 결과는 나중입니다. 기니피그를 들여올 때도 그랬습니다. 그저 직장 동료와 내 회사를 사랑해서 기니피그를 사온 것이고, 결과적으로 좋게 되었습니다. 동기가 순수하면 결과가 좋아졌다고 해서 문제가 될 것은 없는 것입니다."

나 사장은 생각해 보았습니다. 사실, 자신도 고객 중심 경영이니, 직원 존중 경영이니, 불량품 없애기 운동 같은 것들을 시도해 보았습니다. 하지만 항상 그 중심에는 이익을 더 내보려 하는 생각이 자리 잡고 있었습니다. 좋은 결과를 얻기 위해서, 즉 잘 먹고 잘 살아보자고 부자 청년을 사랑하겠다고 나선 것이나 다름없는 것이었습니다. 회사의 물건을 기꺼이 사주는 고객이 부자 청년이었고, 회사에 이윤을 만들어 주는 직원들이 곧 부자 청년이었습니다.

"그럼 혹시……."

나 사장은 이렇게 말끝을 흐리며 봉 주임을 보았습니다. 나 사장의 생각에 봉 주임의 비결은 바로 그것인 것 같았습니다. 사랑하는 것, 바로 그것 말입니다. 그런데 봉 주임은 나 사장의 마음을 눈치라도 챈 듯이 이렇게 말합니다.

"예, 맞습니다. 제가 항상 잘되고, 제가 속한 곳마다 잘되는 이유가 궁금하셨죠? 우리 사장님의 친구들이 어김없이 묻고 가고는 하셨습니다. 하지만 제게 별다른 비결이라는 것은 없습니다. 제 주위 사람들을 사랑하고, 제가 속한 곳을 사랑한다는 원칙을 그저 지킬 뿐인 것이죠. 그런 사랑하는 마음이 있으니까, 거기서 우리 직원들을 배려하는 마음이 생기고, 그런 작은 배려의 결과가 이정표와 기니피그입니다. 사랑에서 비롯된 작은 친절이 제가 항상 잘되고 제가 속한 곳마다 잘되게 하는 것 같습니다."

나 사장은 이제 봉 주임 앞에 완전히 얼음 신세가 되어 버렸습니다. 봉 주임의 말 한 마디 한 마디가 얼음으로 만든 칼이 되어 자신을 찌르는 것 같았습니다. 왜냐고요? 나 사장은 말로만 사랑한다 하고는 사랑을 해본 적이 거의 없기 때문입니다. 아 물론 돈을 사랑한 것을 빼고는 말이죠.

"봉 주임, 재미있군. 하지만 자네는 아직 세상을 몰라. 아무튼 며칠 후에 다시 올 테니 그때도 이야기를 좀 해 보자고."

나 사장은 이렇게 말하며 허세를 떨어 보였지만, 사실 나 사장은 봉 주임 앞에서 자존심이 꺾이고 말았습니다. 나 사장은 지금 봉 주임 앞에서 도망가고 싶은 심정입니다. 나 사장은 친구에게 들러 매각 협상을 잠시 미루기로 하고는 도망치듯 집으로 왔습니다.

깨달음

　돈의 신이라고 불릴 정도로 돈을 잘 관리하고, 돈을 버는 일이라면 무슨 짓이든 서슴지 않았던 나 사장. 나 사장은 회사를 경영하면서도 남에게 꿀리지 않기 위해서 돈을 주고 최고 경영자 과정이라는 것을 여러 대학에서 여러 차례 수료하였습니다. 덕분에 인맥도 넓어지고 식견도 넓어졌습니다. 그후로 나 사장에게는 꿀릴 것이 없었습니다. 돈도 있고, 간판도 있고, 인맥도 있었으니까요. 그렇지만 지금 그의 회사는 위기를 맞이하였습니다. 적자가 나고 있고, 노조는 강하고, 직장 폐쇄를 고려할 만큼 다툼도 잦았기 때문입니다.

　나 사장이라고 해서 변화하기 위해서 무엇이든 안 해본 것은 아니었습니다. 소위 남들이 해서 잘된다고 하는 것은 무엇이든 따라 해 보았습니다. '고객 감동 경영' '재미 중심 경영' '직원 존중 경영' '가족 경영' '전략 경영' '열정 경영' 등등을 말입니다. 하지만 결과적으로 보면 어느 것 하나 만족스러운 것이 없었습니다. 남들은 잘된다고 하는 경영의 비법 같은 것들이 나 사장의 회사에는 전혀 먹혀들지가 않았던 것입니다. 그런데 이제야 그게 왜 그런지 알 것 같았습니다.

"그래, 나는 껍데기만 따라갔던 거야. 그 모든 껍데기들 안에 있는 알맹이는 빼 버리고 말이지. 그러니 싹이 트지 않는 것이지. 알맹이 없는 씨로는 싹을 틔울 수가 없는 거야."

나 사장은 다시 한 번 경영의 비법이나 전략들을 생각해 보았습니다. 그런데 그 모든 경영 원칙들의 핵심을 생각해 보니 바로 사랑이었습니다. 고객 감동 경영도 고객을 사랑하면 자연스럽게 이루어지는 것이고, 가족 경영이니 재미 경영이니 직원 존중 경영이니 하는 것도 직원들을 사랑하면 자연스럽게 이루어지는 것이라는 것을 깨달았습니다. 사랑이 빠진 경영 원칙이나 경영 전략은 효과를 발휘하지 못한다는 것을 새삼 깨닫고는 스스로 놀랍니다.

"흠, 바로 이것이 비결이었다는 말인가?"

그렇게 며칠이 흘러 나 사장의 마음이 정리가 되었습니다.

하지만 여전히 불안한 마음이 들어 자신의 생각이 옳은지 확인하기 위해서 봉 주임을 다시 찾았습니다.

"봉 주임, 그런데 말이야. 그렇게 무언가를 사랑한다고 해서 다 잘될 것 같지는 않은데 말이야."

나 사장은 차마 봉 주임에게 예전처럼 다짜고짜 반말하기가 뭐했습니다. 그렇다고 갑자기 존댓말을 쓰기도 어색했습니다. 그래서 '이런데 말이야, 저런데 말이야'라는 식의 이상한 어투를 씁니다.

"글쎄요. 제가 경험한 바로는 사랑으로 시작하면 항상 결과도 좋다고 자신 있게 말씀드릴 수 있습니다."

"그건 봉 주임의 경험인데 말이야. 그것을 확실하게 입증해 본 사례가 있냐는 말이야. 그러니까 내 말은 말이지. 사랑하면 잘된다는 것, 사랑에서 비롯된 작은 친절이 좋은 성과를 가져온다는 것, 그러니까 기니피그를 주면 황금 돼지를 얻게 되는 것, 바로 그것이 가능하냐는 말이지."

어색한 나 사장의 말투를 눈치 챈 봉 주임이 가벼운 미소를 띠었습니다. 자신의 말투를 들켰다고 생각한 나 사장도 어색한 미소를 지어 보입니다. 이윽고, 봉 주임의 말이 이어졌습니다.

"제가 두 가지는 확실하게 말씀드릴 수 있습니다."

나 사장은 귀를 기울였습니다. 만약 봉 주임의 입에서 확실한 증거 그러니까 사랑으로 경영하면 확실하게 성공할 수 있다는 것을 보여 주기만 한다면, 나 사장은 자신도 살고 회사도 살 수 있을 것 같았기 때문입니다. 그동안 회사의 변화를 위해서 많은 노력을 기울였지만 뚜렷한 성과도 없고, 오히려 회사가 위기에 빠졌던 터라, 나 사장의 입장에서는 지푸라기라도 잡아야 할 심정이었습니다.

"그 두 가지는 바로 사랑과 사랑입니다."

"사랑과 사랑이라고?"

나 사장은 뜬금없는 봉 주임의 이야기가 조금 언짢았습니다. 확실한 증거를 보여 주기를 원했는데, 난데없이 다시 원점에서 시작하는 것 같았기 때문입니다. 하지만 이어진 봉 주임의 말을 통해서 나 사장은 안심할 수 있었습니다.

"먼저 기독교적 사랑입니다. 막스 베버는 청교도들의 윤리가 어떻게 자본가들을 성공시켰는지, 그리고 그것이 자본주의를 어떻게 발전시켜 왔는지를 그의 책에서 밝혔습니다. 막스 베버의 책이 큰 충격을 준 것은 사실입니다. 그전까지 경제학에서 말하는 인간형이란 이기적이고 계산적인 인간이라고 가정해 왔기 때문입니다. 그런 탐욕스런 인간들이 서로 자기의 이익을 최대로 하기 위해 경쟁하는 동안에 자연스럽게 시장이 만들어지고, 자본주의가 발달해 왔다고 믿어 왔었습니다. 그런데 막스 베버는 오히려 이타적인 인간형이 자본주의 발달에 기여를 했다고 말했으니, 베버의 책이 큰 논란거리가 되고 필독서가 되었지요. 그런데 청교도 윤리의 밑바탕에는 바로 하나님에 대한 사랑과 이웃에 대한 사랑이 자리 잡고 있습니다. 즉, 사랑의 실천이라는 것이 자리 잡고 있었던 것입니다."

나 사장은 봉 주임의 말을 듣고 곰곰이 생각해 봅니다. 사실, 나 사장이나 그의 친구나 그리고 소위 자수성가했다는 사람치고 사람에 대해서 좋게 생각하는 경우가 별로 없었습니다. 모든 사람은 이기적이고, 탐욕적이고, 자기 이익을 위해서라면 무슨 짓이든 서슴지 않으며, 서로가 서로를 짓밟고 올라서야만 하는 존재라고 생각해 왔던 것입니다. 경제학에서 말하는 전형적인 '경제인'이 바로 나 사장의 모습과 닮아 있었습니다. 그런데 봉 주임은 막스 베버의 이론을 도입하여 그런 '이기적인 인간'보다는 '이타적인 인간'이 오히려 자본가로 성공하고, 자본주의를 발달시켜 왔다고 말하는 것이 아니겠습니까? 나 사장은 뭔가 봉 주임의 말에서 허점 같은 것을 느꼈습니다. 즉시 나 사장은 그 허점을 찌르고 들어갔습니다.

"하지만 우리나라는 기독교 국가가 아니지 않느냐는 말이야. 게다가 최근에 발전하고 있는 대만이나 일본 그리고 우리나라는 오히려 유교적 전통이 강하지 않은가 말이지."

"예, 그렇습니다. 사실 막스 베버의 책이 논란이 되었던 또 다른 이유도 거기에 있습니다. 막스 베버의 주장에 따르면 청교도적 정신이 강한 나라만이 성장하여야 할 것 같은데, 의외로 동아시아 국가들도 크게 발전하고 있거든요. 그래서 학자들 중에 일부는 베버의 주장이 틀렸다고 말합니다."

"그런데?"

"저는 그것을 이렇게 생각합니다. 베버의 주장이 잘못되었다는 근거로 흔히 이야기되어 왔던 동양 3국 즉, 한국이나 대만 그리고 일본의 경우에는 말 그대로 유교적 전통이 강한 나라입니다. 그런데 그 유교적 전통의 밑바탕에 무엇이 깔려 있는지 아십니까?"

"무엇이 있는데?"

"바로 사랑입니다."

"사랑이라고?"

"예, 사랑입니다. 유교는 공자에게서 시작되었고, 공자는 자신의 사상을 하나로 꿰뚫는 것이 바로 인仁 즉, 사람을 향한 사랑이라고 하였습니다. 그리고 그 사랑이 국가에 대해서는 진실하게 정성을 다하는 충忠으로, 이웃에 대해서는 나를 미루어 남을 헤아려 알고 내가 대접받고 싶은 대로 남을 대접하는 서恕의 정신으로 나타난다고 하였습니다. 공자의 제자인 증자가 바로 그렇게 공자의 사상을 꿰뚫고 있는 것이 충서忠恕라고 이야기하였지만, 사실 충서는 사랑이 나타나는 모습일 뿐입니다."

"허, 그래?"

"예, 공자로부터 비롯된 유교적 사상이나 기독교의 사상을 하나로 꿰뚫는 것이 바로 사랑이라는 것은 중고등학교 도덕 교과서에도 나올 만큼 잘 알려진 이야기입니다. 그리고 그 사랑이 유교와 기독교 윤리의 핵심이지요. 그 사랑에서 여러 가지 윤리적 원칙들, 그러니까 청교도들의 행동 원칙이나, 유학자들의 유교적 원칙들이 나오는 것입니다."

"그러니까 자네가 말한 사랑과 사랑이란 바로 기독교에서 말하는 사랑과 유교에서 말하는 사랑을 뜻하는 것이란 말이군. 그것이 자본가의 성장에, 자본주의의 발달에 큰 공헌을 했다는 뜻이란 말이지?"

나 사장은 이렇게 봉 주임의 말을 나름대로 정리해 보았습니다. 그러자 봉 주임이 맞장구를 치며 말을 이어 나갑니다.

"예, 바로 그겁니다. 저는 그 사랑을 제 삶의 원칙으로 삼고 있습니다. 다만 그 사랑이 너무 추상적이고 거대해서 저는 사랑에서 비롯된 작은 친절만이라도 실천하려고 애씁니다. 제가 기니피그를 회사로 들여온 것도 제 나름대로 친절을 실천한 것이지요. 너무 감정이 메말라 있는 동료들에게 위안이 될 수 있을 거라고 생각한 것이지요. 사랑하는 마음에서 저는 작은 배려를 하였던 것입니다. 그런데 생각보다 더 좋은 결과를 가져와서 사실은 저도 좀 놀랐습니다. 먼저 총무과가 변하였고, 총무과가 변하니, 다른 부서들이 총무과를 대하는 태도가 달라졌습니다. 그리고 총무과가 이리저리 칭찬을 받으니, 다른 부서들도 총무과를 따라 했습니다."

바로 그때 문득 나 사장의 머리를 스쳐 지나가는 것이 있었습니다.

"그래, 그랬군. 그러니까 자네가 이 회사를 변화시킨 이유를 알겠네. 자네는 일종의 샘이었던 거야. 사랑이라는 샘물을 지속적으로 내보내는……. 그 샘물이 흘러가면서 다른 샘물이 터져 나오는 것을 돕고, 그것이 큰 변화를 일으키는 원인이 된 것이지. 그러니까 자네가 어떤……, 뭐랄까 동기 유발을 일으킨 거야. 쉽게 말해서 직원들을 자발적으로 움직이게 하는 점화 장치라고나 할까? 그래서 자네가 온 뒤로 이 회사가 점점 잘된 것인가?"

나 사장은 옳거니 하며 속으로 쾌재를 불렀습니다. 이제 친구 회사가 잘되는 비결을 다 알아낸 것이었습니다. 그렇게 내심 득의만만하고 있을 때, 봉 주임이 다시 말을 이어 갑니다.

"제가 이정표를 세우는 모습을 보셨지요? 그것 또한 일용직 근로자들을 사랑하는 마음에서 나온 작은 친절의 예입니다. 저는 가진 것이 많지 않기 때문에, 그렇게 작은 일이나마 배려하려고 애를 씁니다. 사람들은 그런 저를 보고 '남을 잘 섬기는 사람'이라고 말하지만 저는 사실 섬긴다는 생각은 하지 않고 있습니다. 그저 조금이라도 남에게 친절하려고 애쓰지요. 사랑하는 마음에서 배려하는 마음이 나오고, 배려하는 마음이 친절한 태도로 나타나는 것 같습니다."

나 사장은 봉 주임의 말을 기억하기 위해서 속으로 '사랑하는 마음 → 친절한 태도 → 이정표와 기니피그를 세우는 것 같은 사소한 친절의 실천 → 친절의 감염과 확산 → 생산성 증대'라는 도식을 만들어 그것을 계속 되뇌어 봅니다. 나 사장은 아직도 생산성 증대가 최종 목적이었습니다. 수십 년 동안 쌓아 온 돈에 대한 집착이 쉽게 사라지지는 않는 모양입니다. 그래도 그게 어디입니까? 나 사장이 비록 돈에 대한 유혹에서 시작하기는 하였지만, 어쨌든 사랑하는 마음과 배려하는 마음, 그리고 섬기는 태도를 알았다는 것만으로도 큰 발전을 한 셈이지요.

그렇게 해서 나 사장은 그 공식을 자신의 회사에 적용시켜 볼 결심을 하였습니다. 그런데 문제가 아직 하나 남았습니다. 친구 회사에는 봉 주임이 존재하고 있는데, 자신의 회사에는 그런 사람이 없다는 것이 문제였습니다. 어쩌면 그런 사람이 있었는데 나 사장이 싹을 짓밟아 버렸는지도 모릅니다. 뒤늦게 후회가 들었습니다. 그렇다고 나 사장이 그 공식을 적용할 수도 없습니다. 나 사장은 직원들을 사랑하는 마음이 별로 없으니까요.

"그런데 봉 주임, 자네 같은 사람이 이 회사에 많나?"

"그럼요! 악한 사람들도 그 안에는 사랑의 씨앗을 품고 있는 경우가 많은 걸요. 그러니 우리 같이 특별히 악하지 않은 보통 사람은 누구나 다 사랑할 줄 알지요. 다만, 제가 처음 이 회사에 올 때는 우리 사장님이 그 씨앗을 틔우지 않았을 뿐입니다. 저는 기니피그를 데려와서 씨앗이 나올 분위기를 만든 것뿐입니다."

"그렇다면 우리 회사에도 자네 같이 샘의 역할을 해줄 사람이 있을까?"

"당연히 있겠죠. 그런데 그 사람들의 싹을 틔우려면 사장님이 분위기를 만들어 주셔야 합니다."

"그래, 그래야겠지. 사실 내가 진즉에 자네의 비법을 알았다면 우리 회사를 매각해야 하는 지경까지 이르지는 않았을 거야. 이제부터라도 회사를 다시 살려 볼 생각이 좀 드는데, 나를 좀 도와주겠나?"

어느새 나 사장은 봉 주임에게 하대하던 버릇을 고치고 있었습니다. 그러고는 예사 높임말을 씁니다. 봉 주임은 그것을 눈치채지 못한 채 다시 말을 잇습니다.

"제가 무슨 도움이 되겠습니까? 나 사장님이 변화하시기만 하면 되는 걸요."

"그래도 사실 두려워. 임직원들이 나를 어떻게 생각할지……. 지금까지 나는 그들을 대상으로만 여겼어. 조금 어렵게 말하면 '타자화他者化'하였다고나 할까? 내 몸처럼 사랑하지 않고 내가 다루어야 할 어떤 장치처럼 여긴 것이지."

"예, 그러셨군요. 바로 그게 사랑하지 않는 사람의 특징입니다. 남을 남으로 여기는 것이지요. 반면에 남을 자기처럼 여기는 것이 사랑하는 사람의 특징이지요. 사실 저도 예전에는 사장님처럼 살았습니다. 그런데 고생 고생하다가 문득 깨닫게 된 거지요. 저의 태도에 문제가 있어서 고생한다는 것을 알았고, 그 모든 태도의 밑바탕에 남에 대한 증오와 이기심 같은 것이 자리 잡고 있었습니다. 그러니 잘될 턱이 있나요. 그나마 늦게라도 깨달았으니 다행이지요. 이제 사장님도 잘되실 겁니다."

양선인

 봉 주임을 만나고 나서 며칠이 흐르는 동안 나 사장은 열병을 앓았습니다. 왜 그런지는 모르겠지만 두뇌의 세포 하나하나, 혈장과 혈소판 하나하나까지 완전히 새롭게 바뀐다는 느낌이 들었습니다. 그 와중에 두뇌 안에서는 옛것과의 전쟁이 일어나고 있다는 것을 나 사장은 어렴풋이 짐작했습니다. 나 사장이 지금껏 지녀왔던 모든 태도, 모든 가치관들이 무너지는 소리가 나 사장의 귀에까지 들려오는 듯했습니다.
 그렇게 열병을 앓고 난 며칠 후에 나 사장은 다시 친구의 사무실로 들어갔습니다. 그리고 다시 단도직입적으로 말을 꺼내봅니다.

"친구, 매각은 잠정 보류야."

"아니, 나 사장. 기껏 기업 실사까지 시켜 놓고 이제 와서 마음대로 보류라니?"

"자네가 회계 법인에 실사 비용을 지불한 것은 알아. 다음에 회사에 여유가 생기면 그 비용을 내가 대신 내겠네."

"흥, 그럴 수는 없지. 이미 우리 사이에는 구두 계약이 맺어진 거나 다름이 없다고."

나 사장은 친구의 말에 적잖이 놀랐습니다. 친구에게서 바로 자신의 모습을 보았기 때문입니다. 예전에 나 사장이 다른 사람의 회사를 인수할 때 했던 매몰찬 말을 그대로 듣고 있는 상황이 아니겠습니까? 나 사장은 심은 대로 거둔다는 말이 실감 났습니다. 나 사장은 난처해졌습니다.

"이봐, 친구. 내가 약속한 것은 아니지 않아?"

"약속은 하지 않았지만 기업 실사까지 하게 할 정도면 매각 약속을 한 것이나 다름없지. 아무튼 나는 이제 자네 회사를 인수하는 걸로 알고 있겠어."

"허 참, 어이없군. 좋아. 그럼 이렇게 하지. 앞으로 일 년의 시간을 주게. 그리고 그때 다시 한 번 실사를 하게. 그리고 그때 매겨진 회사의 가치로 다시 협상을 하세. 나도 더 이상은 양보할 수 없어. 지금 매겨진 회사의 가치도 터무니없는데,

그것의 반값을 내라는 것은 말도 안 되는 소리지."

나 사장이 이렇게 강력히 나아가자 친구도 어쩔 수 없었나 봅니다. 친구가 한발 물러서며 이렇게 말합니다.

"뭐 그렇게 하려면 그렇게 하든지. 그동안 부도나 나지 않으면 다행이겠군. 지금처럼 적자가 계속되고 점점 적자가 많아진다면 자네는 단 돈 1원에 회사를 넘겨야 할 거야. 부채만 갚아 달라고 사정하면서 말이야. 그때 가서 후회하지는 마."

'이런 피도 눈물도 없는 인간 같으니라고. 저런 놈을 친구라고 여겨 왔다니.'

나 사장은 이렇게 한탄을 해 보았지만, 사실 친구의 모습이 이제까지의 자신의 모습이라는 것을 나 사장도 알고 있습니다. 피도 눈물도 없이 망해 가는 회사 사장들을 채근해 헐값에 기업을 사들였던 나 사장이었습니다. 그리고 나 사장이나 친구 같은 사람들이 주위에 많다는 것을 나 사장도 잘 알고 있습니다. 물론, 그런 사람들이라고 할지라도 말은 아주 점잖게 합니다. 또 자기가 직접 나서는 경우도 거의 없습니다. 직원이나 컨설팅 회사를 앞세웁니다. 자신은 피 한 방울 묻히지 않으면서 회사를 무너뜨려 헐값에 사들이는 것이지요. '차도살인借刀殺人'을 하는 셈이지요.

나 사장은 친구에게서 전형적인 경제인의 모습을 보았습니다. 하지만 나 사장은 그런 친구와 대비되는 모습을 갖춰 보려고 결정하였습니다. 남을 타자화하고 이기적으로 행동할 것이 아니라 남을 자기처럼 여기고, 이타적으로 행동하자고 마음먹은 것이지요. 나 사장은 봉 주임의 모습을 떠올리며, 바로 그런 사람이 되겠다고 생각했습니다. 나 사장은 봉 주임 같은 인간형을 서로 간에 혜택을 만들어 함께 잘되는 일을 만들어 내는 사람, 공동선을 추구하는 인간, 행위로 사랑을 나타내는 인간이라는 뜻으로 '양선인良善人'이라는 말을 지어 부르기로 하였습니다.

어쨌든 나 사장은 이런저런 생각 끝에 한 가지 제안을 덧붙여 피할 길을 내어 보기로 합니다.

"좋아, 일 년 후에 회사가 망하든 흥하든 그것은 내 책임으로 하고, 일 년 후에는 확실하게 매각 협상을 하겠네. 단, 조건이 하나 있어."

"그래? 그게 뭔데?"

"봉 주임을 우리 회사로 보내 주게. 파견해 달라는 말이야. 그 사람은 양선인이니까."

"뭐하려고? 그리고 양선인은 또 무슨 말이야?"

"그건 자네가 알 바 아니고, 다만 봉 주임이 총무과 소속이니 어차피 회사 실사를 준비해야 하는 거 아닌가? 그러니 봉 주임이 그 일을 맡아 하면 되지 않겠나?"

친구는 이리저리 생각을 해 보더니 손해 볼 것 없다는 듯이 말했습니다.

"좋아, 까짓 거. 대신 월급은 자네가 줘야 해. 그렇게 한다면 보내 주지."

나 사장은 친구를 보며 속으로 생각했습니다.

'어리석은 놈.'

나 사장에게는 봉 주임이 보배로 보였지만, 친구는 봉 주임의 가치를 알지 못하는 것 같았습니다. 봉 주임이 월급을 덜 주어 다행이라고 생각하는 친구의 모습이 어리석어 보였습니다. 작은 것을 아끼려다가 큰 것을 놓치고 마는 것으로 보였기 때문입니다. 그는 경제학에서 말하는 '합리적인 바보'인 셈이었습니다. 일견 합리적으로 최선의 선택을 하는 것처럼 보이지만 오히려 그런 이기적인 합리성 때문에 잘못된 선택을 해 버리는 바보인 것입니다.

"좋아. 봉 주임의 월급을 내가 줄 뿐만 아니라, 파견 근무이니만큼 자네 회사에도 봉 주임의 월급만큼을 파견 대가로 지불하겠네. 이 정도 조건이면 괜찮지?"

"좋군. 그런데 봉 주임이 총무과 일을 마무리는 해야 할 테니 한 달 뒤에 보내지."

역시 친구는 호락호락 넘어가는 법이 없습니다. 혹시라도 봉 주임을 빼 가려는 나 사장의 속셈이 있는가를 한 달 동안 알아볼 생각이 분명했습니다. 그렇지만, 나 사장의 생각에 더 이상 무언가를 요구하면 친구가 그 의도를 알아차릴 것이 분명해 보였습니다. 그래서 나 사장은 일단 수긍하기로 하였습니다.

 그렇게 봉 주임은 한 달 동안 총무과 일을 정리하였고, 그 동안에 나 사장은 봉 주임의 주장을 나름대로 실현해 보기로 하였습니다. 봉 주임이 한 것처럼 이정표도 세워 보고, 기니피그도 사다가 길러 보았습니다.

좋은 성과

그 후에 어떻게 되었냐고요? 여러분의 예상과 크게 다르지 않습니다. 나 사장 회사의 분위기는 봉 주임이 온 뒤로 서너 달 만에 많이 달라졌습니다. 직원들은 스스로 자원해서 일하려고 하였습니다. 물론, 나 사장도 전과 달라졌습니다. 아직도 생산성, 돈, 이익과 같은 것에 대한 생각이 떠나지는 않았지만, 그래도 전과 달리 직원들을 배려하는 마음이 커졌습니다. 직원들의 시력이 나빠질까봐 전구를 새로 교체하고, 전등을 늘린 것이 대표적인 예입니다. 그 밖에도 나 사장은 직원들을 배려하였습니다. 그러다 보니 비용이 꽤 들어갔지요. 하지만 그 비용은 곧 보상을 받았습니다. 직원들이 자발적으로 로봇을 점검하고, 알아서 기름칠을 하기 시작하니, 로봇 수리 비용이 적게 들었지요. 당연히 생산성도 올라갔고요.

나 사장은 크게 깨달았습니다. 자신이 무엇인가를 주면, 그것이 반드시 더 큰 무엇인가로 돌아온다는 것을 말이죠. 나쁜 것을 주면 나쁜 것이 돌아오고, 좋은 것을 주면 좋은 것이 돌아온다는 것을 알게 되었습니다.

시간은 흘러 친구와 약속한 일 년이 되었습니다. 기업을 다시 실사한 결과 기업의 가치는 전과 달리 상당히 높아졌습니다. 나 사장의 친구는 의아한 표정을 지어 보이며 매입 금액을 높여 주겠으니 팔기만 하라고 말하였습니다. 하지만 나 사장은 이제 회사를 매각하고 싶지 않았습니다. 왜냐하면 회사를 이루는 직원이 자기처럼 느껴졌기 때문입니다. 자신의 몸의 일부를 떼어 내는 아픔을 느끼기 싫었으니까요. 그래서 나 사장은 꽤 오랜 시간 동안 친구를 설득해서 친구가 지불한 비용의 몇 배를 친구에게 갚아 주고 회사를 팔지 않았습니다. 그 결정이 있던 날에 직원들은 나 사장을 보며 "만세!"를 외쳤습니다. 나 사장은 조용히 미소를 지으며 봉 주임을 바라보았습니다. 아, 봉 주임이 아니었군요. 봉 부사장이었습니다.

또 얼마간의 시간이 흘렀고, 나 사장의 후배 한 명이 나 사장을 찾아왔습니다. 평소에 친형제처럼 친하게 지내던 후배였습니다. 그 후배는 이렇게 말했습니다.

"형님, 아주 요즘 제가 죽겠습니다. 아니 나는 신용카드를 긁어서라도 직원들의 월급을 맞춰 주는 형편인데, 아 글쎄, 부장이란 사람이 회식비로 삼백만 원을 쓰고 왔더라고요. 제가 그것 때문에 뭐라고 했더니, 부장이 불만이 많았던 모양입니다. 떡하니 사표를 던지지 뭡니까. 그러고는 바로 다음 날부터 출근을 하지 않더란 말이죠. 그리고 또 직원들은 적극성도 없습니다. 꼭 제가 무언가 지시해야만 일을 합니다. 주인 정신이 없어요."

나 사장은 후배의 말을 들으며 지나간 자신의 모습을 보는 듯했습니다. 나 사장의 입가로 은근한 미소가 흐릅니다. 다 알고 있다는 듯이 말이죠. 그러고는 이렇게 말합니다.

"그런 모든 문제가 일어나게 된 근본적인 이유가 무엇인지 생각해 보았어?"

"근본적인 이유요? 직원들의 태도가 문제 아닙니까?"

"물론, 그럴 수도 있지. 하지만 그런 태도를 보이게 되는 이유가 뭐라고 생각해?"

"글쎄요. 저는 잘 모르겠는데요."

"그렇다면 내가 가르쳐주지. 내일 회사에 작은 기니피그 한 마리를 둬 봐."

"왜 기니피그를? 그건 모르모트라고 불리기도 하는 실험용 동물 아닙니까?"

"그렇지, 실험용 동물이지. 바로 자네가 한번 실험을 해 보란 말이야. 자네가 기니피그를 회사에 가져다 둠으로써 직원이 어떻게 변화하는지 관찰해 봐. 그리고 기니피그로 상징되는 작은 친절을 꾸준히 실천해 봐. 계속 실험해 보라는 말이지. 예를 들면 아침에 먼저 직원들에게 인사를 한다든가, 직원들이 바라는 것 이상으로 좋은 컴퓨터를 놓아 준다든가 하는 것 말이지. 괜히 컴퓨터 구입 비용을 아낀다고 중고나 사 들이지 말고 말이야."

"그런 게 무슨 도움이 된다고."

"나 믿지? 앞으로 일 년만 그렇게 해봐."

그 일이 있고 나서 일 년이 흘렀습니다. 다시 나 사장을 찾아 온 후배의 표정이 달라졌습니다.

"와, 정말 효과가 있더라고요. 처음에는 직원들도 긴가민가 하더니, 분위기가 조금 달라졌습니다. 그러고 다시 시간이 흐르니까 직원들도 무엇인가를 내놓기 시작하더라고요. 어떤 직원은 아침에 인사를 하기 시작했고, 어떤 직원은 일찍 와서 청소를 다 하더군요. 또 어떤 직원은 커피를 주기 시작하고요. 그렇게 회사 분위기가 점점 좋아지니까, 직원들의 표정도

밝아지고, 우리 회사를 찾아오는 사람들도 회사 분위기가 좋다고 말하더군요. 또 오고 싶다고 하면서요."

"그렇지? 그게 바로 선순환 효과라는 거야. 펌프로 물을 길으려면 한 바가지 물을 먼저 부어 주어야 하지. 그것을 마중물이라고 불러. 자네가 알지 모르겠지만, 내가 어렸던 시절에는 그렇게 펌프로 물을 길어 마셨어. 일단 마중물을 펌프에 붓고 펌프질을 하면 곧 물이 콸콸 쏟아지지. 자네의 작은 친절이 그런 마중물과 같은 거야. 사랑에서 비롯된 작은 친절을 끊임없이 직원과 고객에게 보여 봐. 그러면 자네가 준 것보다 훨씬 많은 것을 받게 될 거야. 기니피그를 주면 황금 돼지를 얻게 되는 법이지."

어느새 나 사장은 조언자가 되었습니다. 하지만 나 사장은 그렇게 조언하는 것이 좋았습니다. 자신이 체험하고 느낀 것이니까요. 나 사장이 이렇게 조언하는 동안에 봉 부사장이 문을 열고 들어오며 방긋이 웃습니다. 새로 사온 기니피그를 안고서 말이죠.

며칠 뒤에 나 사장은 봉 부사장과 함께 은행 두 곳을 방문했습니다. 한 곳의 직원들은 무척이나 친절했습니다.

"봉 부사장, 나하고 내기 하나 할까?"

"무슨 내기를……?"

"이 은행 주식이 오를 가능성이 높다는 것에 내기 돈을 걸지."

"그걸 어떻게 아시고……?"

"자네가 가르쳐 줬잖아."

"제가 무슨……?"

"일선 창구 직원들이 저렇게 친절하다면 저 회사의 경영 사정은 안 봐도 뻔해. 경영진부터 고객이 중요하다는 것을 알고 있을 거야. 그러니까 직원들에게 친절 교육을 철저하게 시켰겠지. 그리고 직원들도 나름대로 보람이 있으니까 저렇게 온화한 미소로 대하는 것일 거야. 모 전자 직원들처럼 억지 친절을 보이면 표가 나는 법이지만, 이 은행 직원들은 미소가 자연스럽잖아. 보이지는 않지만 아마도 좋은 금융 상품들도 많이 개발할 걸? 그리고 고객들도 이 은행에 돈을 많이 예치하려고 할 것 같은데?"

그러고 두 사람은 다른 은행도 방문했습니다. 그 은행 직원들은 퉁명스럽습니다. 나 사장은 이번에는 그 은행이 곧 망하거나 구조조정에 들어간다는 데에 내기를 걸었습니다.

"봉 부사장, 내가 보기에는 말이야. 직원들이 불친절하다는 것은 내부적으로 규율이 없다는 것이고, 그런 상태라면 고객들도 떠나게 되고 영업 성과도 나빠지게 마련이지. 그러니까

나는 이 은행이 망하거나 곧 구조조정을 하게 될 거라고 봐. 직원들 스스로도 불친절함으로써 자신들의 자리를 빼앗길 일을 하는 것이지."

아니나 다를까, 얼마 있지 않아서 금융 위기가 발생했고 그 은행은 대대적인 구조조정을 펼쳤습니다. 불친절하게 고객을 대하던 직원들이 눈물을 지으며 구조조정에 항의했습니다. 하지만 그런 노력에도 불구하고 얼마 안 있어 그 은행은 외국 회사로 팔렸습니다. 덕분에 내기 돈은 다 나 사장이 차지하게 되었지요. 그래도 봉 부사장은 기분이 좋았습니다

다시 오랜 시간이 흐른 어느 날이었습니다. 집으로 돌아오는 길에 나 사장은 서두르지 않았습니다. 양보 운전을 합니다. 작은 차가 옆에 지나가도 자존심 상해하며 괴롭히지도 않습니다. 침도 함부로 뱉지 않습니다. 다른 사람을 생각해서 될 수 있으면 과속하지 않으려고 주의합니다. 담배꽁초도 창 밖으로 버리지 않습니다. 물론 나 사장도 어쩔 수 없는 실수를 가끔씩 하기는 하지만 예전의 나 사장이 아닙니다. 나 사장이 달라졌습니다. 나 사장의 몸에서는 친절이 보입니다.

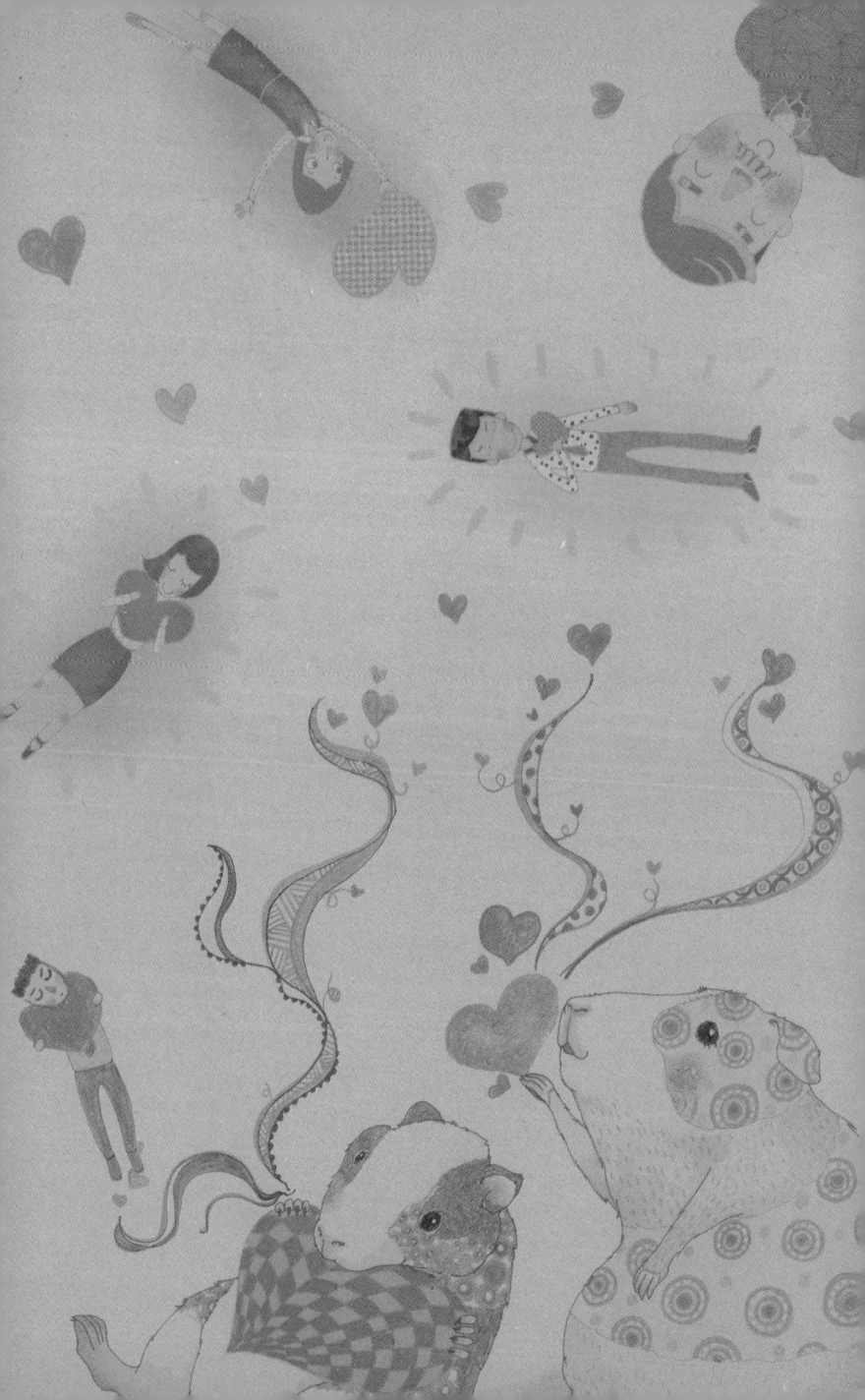

주의 근본 법칙에서 멀어지는 것이라고 볼 수 있고, 근본 법칙에서 멀어지면 멀어질수록 더 세찬 저항을 받는 것이 당연한 것일 수 있습니다. 이렇게 저항을 받는 이유는 모든 것이 기본 중의 기본인 어떤 법칙을 따라 흘러가기 때문일 수 있습니다. 그렇기 때문에 어려울 때일수록 더욱 기본에 천착할 필요가 있다고 봅니다.

저는 그래서 '기본'이란 무엇인가에 관해 오래도록 궁리해 보았습니다. 우리가 착 붙어야 할 기본 중의 기본은 무엇이고, 그러한 기본을 상황에 맞게 어찌하면 쉽게 알 수 있는가에 대한 생각을 했습니다. 그리고 그렇게 궁리하는 중에 영감을 주는 꿈도 꾸었습니다. 그렇게 오래도록 생각해 온 주제를 오래 전에 두 편의 글로 써 두었다가 이제야 책 한 권에 모두 담아 출판하게 되었습니다.

이 짧은 두 편의 이야기가 독자 여러분에게 무더위 속에서 마시고 싶은 청량음료나 혹은 시원한 냉수 같은 역할을 하기를 기대해 봅니다.

2011년 우제용

기본

기니피그 이야기
+기본

초판 1쇄 인쇄 2011년 8월 20일
초판 1쇄 발행 2011년 8월 25일

지은이 우제용

펴낸이 김연홍
펴낸곳 아라크네

출판등록 1999년 10월 12일 제2-2945호
주소 121-865 서울시 마포구 연남동 224-57
전화 02-334-3887 **팩스** 02-334-2068

ISBN 978-89-92449-77-9 03320
※ 잘못된 책은 바꾸어 드립니다.
※ 값은 뒤표지에 있습니다.

「이 도서의 국립중앙도서관 출판시도서목록(CIP)은 e-CIP홈페이지(http://www.nl.go.kr/ecip)와 국가자료공동목록시스템(http://www.nl.go.kr/kolisnet)에서 이용하실 수 있습니다.(CIP제어번호: CIP2011003421)」

기본

**상황에 맞는 기본을 찾아내는
방법에 관한 이야기**

우제용 지음

아라크네

차례

돈가스 … 5

스테이크 … 19

피라미드 … 30

개미 굴뚝 … 50

제방 … 66

버스 … 76

등불 … 85

돈가스

"슛, 아, 안타깝습니다. 또 빗나갔네요."
"골 결정력이 없어요."
"그것도 그렇지만 우리 선수들, 많이 지쳐 보이네요."

국가 대표 대항전이 있던 날이었다. 그날도 노타치와 찬찬히는 늘 가던 '호프집'에 들러 앉았다. 지하철 바로 옆이었고, 게다가 넓은 주차장도 있어서 단골로 찾는 곳이었다. 많은 탁자가 놓인 넓은 홀hall의 한편으로는 간이 바bar가 있었고, 둘은 자주 바에 앉아서 칵테일이며 맥주를 가볍게 들이켜고는 하였다. 가게 한편에 있는 대형 화면에서는 국가 대표 대항전을 비춰주고 있었고, 비교적 큰돈을 들인 것으로 보이는 스피

커에서는 아나운서의 안타까운 목소리가 흘러나왔다.

"에이, 뭐야, 저거. 왜 저래?"

"뭐가?"

"아니, 월드컵 4강까지 갔던 팀 맞아? 왜 항상 저 모양이야?"

가게 이곳저곳에서 대표팀에 대한 불만이 터져 나왔다.

"감독이 문제야, 감독이."

"무슨 소리야? 내가 보기에는 선수들이 문제인 것 같은데."

"감독에 따라서 성적이 달라지니 하는 소리지."

"하긴!"

가게 손님들의 소리에 노타치와 찬찬히가 살짝 예민해졌다. 자신들도 감독이라면 감독이었다. 저마다 작은 개발 부서를 하나씩 맡고 있는 감독이었다. 그들도 이제 얼마 있지 않으면 일전을 치러야 했다. 노타치는 살짝 찬찬히를 쳐다보았다. 찬찬히 역시 마찬가지였다. 그들은 서로의 눈길이 마주치자 어색한 미소를 흘리고는 술잔으로 눈길을 돌렸다.

"꼭 우리 이야기하는 것 같네."

"그러게, 오늘 따라 왜 그렇게 들리지?"

그들은 화라도 난 듯이 술잔을 마구 들이켰다. 어느새 칵테일 잔이 여러 번 바뀌고, 맥주병이 자신들의 앞을 막을 정도가 될 무렵이었다. 취기가 오른 노타치가 패배한 국가 대표팀에 대한 아나운서의 안타까운 소리를 들으며 소리쳤다.

"에이, 정말. 뭐야 저거? 이봐, 실장! 화나는데 독한 것 좀 내줘봐."

그러나 매니저manager라고도 불리는 실장은 아무 말이 없었다. 노타치가 다시 한 번 채근했다.

"이봐, 실장. 뭐해? 독한 것 좀 달라니까."

노타치가 소리치듯 채근하자, 실장이 조용히 다가와 말했다. 그날따라 실장도 무엇인가 기분 좋지 않은 일이 있는지 표정이 굳어 있었고, 노타치의 말에 더욱 표정이 굳어진 것처럼 보였다.

"손님, 제가 손님보다 어려 보이더라도, 반말은 삼가 주셨으면 좋겠습니다. 화가 나신 줄은 알겠는데 그래도 다짜고짜 반말하시는 것은 좀 아니지 않습니까?"

"뭐야? 당신이 나보다 나이가 더 적은지 많은지를 어떻게 알아? 우리, 여기 단골이야. 알아? 여기 온 지 얼마 안 된 모양인데, 우리 단골이라고."

"예, 알겠습니다. 하지만 단골도 단골 나름이겠지요."

화를 돋우는 실장의 말에 노타치가 분통을 터뜨렸다.

"뭐야, 정말. 여기 아니면 올 데가 없을 것 같아? 엉? 이런

싸구려 호프집이 좋아서 오는 줄 알아? 가까운 곳에 호텔식 정통 바가 없어서 그래. 에이, 회사가 후진 동네에 있으니까, 우리까지 후진 사람인 줄 아는 거야?"

크게 싸울 것 같은 기세라는 것을 눈치 챈 찬찬히가 노타치를 억지로 잡아끌어 가게 밖으로 데리고 나가려 했다.

사실 노타치가 그렇게까지 화를 낸 데에는 이유가 있었다. 국가 대표팀도 제대로 경기를 하지 못하고, 월급은 적고, 회사에서는 성과를 빨리 내라고 하고, 성과를 내게 하기 위해서 입사 동기인 찬찬히와 경쟁해야 하는 상황으로 만들어 버렸고, 과장 대리이기는 하지만 그래도 한 조직의 감독인데도 불구하고 제 역할을 못하고 있고, 회사가 마음에 안 든다고 독립하자니 모아 둔 돈은 없고, 아내는 전세 보증금 걱정에 짜증을 내고, 아기가 두 시간마다 깨어서 우는 바람에 잠을 못 자고, 집에서 회사까지 멀고, 출퇴근 시간에 차는 막히고, 장래는 걱정되고, 미래는 보장되어 있지 않다는 무척이나 다양한 이유로 생긴 스트레스 때문이었다.

노타치가 다시 한 번 바 쪽을 향해 소리쳤다.

"에이, 정말. 세상이 왜 이래. 다 잘난 놈들만 사는 것처럼."

노타치의 분노가 그의 입에서 거친 소리까지 나오게 만들었다. 그가 폭발한 것은 이번만이 아니었다. 그의 별명이 노타치인 데는 이유가 있었다. 하도 가시같이 이리저리 사람을 자극하듯 행동하기 때문에, 회사 사람들도 그를 건드리지 말라는 뜻으로 그의 본명인 노대진에 빗대어 영어 낱말인 노타치no touch라고 부르고는 했다. 그의 별명이 상징하듯 그는 간간히 폭발해 왔지만, 이번에는 휴화산이 살짝살짝 분출하다가 한 번에 폭발한 것과 같은 형국이었다.

"재수 없게……. 세상에 바가 여기만 있는 줄 알아?"

노타치의 거친 말에 호프집 실장은 아무런 대꾸도 하지 않았다. 다소 표정은 무거웠지만, 꾹 참고 있는 것이 분명해 보였다. 노타치의 가시에 찔리면서도 아픔을 참는 작은 한 마리 새 같아 보였다.

"다시는 오나 봐라."

노타치의 가시가 다시 한 마리 작은 새의 머리를 찔렀다. 그러나 그만 그렇게 가시 같은 것은 아니었다.

회사의 게임 개발 조직에 근무하는 사람치고 가시 같은 모습을 한두 번 보인 적이 없는 사람이 없었다. 그만큼 그들은 매사에 민감했다. 그들을 그렇게 민감하게 만든 이유는 많았지만, 급여 수준이 큰 이유를 차지했다. 그들이 고생하는 것에 비해서 상대적으로 적은 봉급이 문제였다. 그들은 야근을 거의 매일 같이 하고 있음에도 불구하고, 야근 수당을 받아본

적이 없었다. 식대는 따로 청구하면 나왔지만, 그것도 제 때 지급되지 않았다.

그렇다고 해서 그들이 야근 수당을 정식으로 청구할 만한 상황도 아니었다. 게임 프로그래머들이 일반적으로 그렇듯이 그들은 자신들이 정신을 집중할 수 있을 때만 일을 했다. 어떤 때는 오후에 출근해서 새벽에 퇴근하기도 하고, 또 어떤 때는 오전에 출근해서 오후에 잠깐 쉬었다가, 저녁에 다시 일하고는 했다. 그리고 결정적으로 그들은 근무 시간 중에도 때때로 게임을 하고는 했다. 프로그래머들은 그것이 게임 제작을 위한 경험을 쌓기 위해서 어쩔 수 없이 하는 일이라고 말하고는 했지만, 실제로는 그들이 좋아하는 게임만 한다는 것이 문제였다.

회사라고 해서 그것을 모르지는 않았다. 하지만 게임을 못하게 한다거나 하는 것으로 통제할 수 있는 문제가 아니었다. 대신에 회사에서는 분기별로 성과를 평가했다. 성과에 따라서 인사 고과가 달라지고, 연봉이 달라졌다.

"에이, 내가 이 길로 들어서지 말았어야 했는데……."

집으로 돌아가는 길에 노타치는 넋두리하듯이 말을 했다. 새벽 귀가 길, 많은 직장인들이 택시를 잡기 위해서 안달을 내었다. "따블"이라고 외치는 사람도 있었고, 어떤 이는 "따따

블"을 외치기도 하였다. 요금의 두 배나, 심지어는 네 배까지라도 줄 테니 제발 집에만 데려다 달라는, 술 먹은 사람들의 하소연이었다. 차를 가져온 사람들이야 대리 운전을 시키면 그만이었지만, 이런저런 이유로 차를 가져오지 못한 사람들은 어떻게든 택시를 잡아타야 하는 형국이었다. 모범택시를 호출할 생각조차 나지 않을 정도로 만취한 사람들이 그렇게 의미 없는 아우성을 내뱉었다. 그런 아우성들 속에서 노타치가 길게 한숨을 내쉬었다.

"후."

그러고는 자신의 삶을 돌이켜 보았다. 한때 인터넷 열풍이 불고, 또 한때는 벤처 열풍이 불었다. 그럴 때에 기회를 잡아채지 못한 자신이 한심스러웠다. 인터넷 열풍 때에는 신입 사원이라서, 벤처 열풍이 불 때에는 연애하고 결혼하느라 정신이 없었다. 그래서 그는 간간이 아내에게 역정을 내기도 했다. 차라리 그때 결혼을 채근당하지만 않았더라면 하는 생각도 해 보았다. 그러나 아무 소용이 없었다. 이미 지나버린 삶을 후회하는 것은 다가올 삶을 후회하는 것처럼 의미 없는 일이었다.

'다시는 기회를 놓치지 말아야지!'

노타치는 마음속으로 이렇게 다짐하고 다짐해 왔다. 그런데 또 한 번 그에게 기회가 다가오고 있었다. 소위 말하는 '모바일 애플리케이션 사업'이 그것이었다. 프로그램을 작성할 줄 아는 사람이라면 누구나 휴대 전화에서 작동되는 프로그램을 만들어 내다 팔 수 있게 된 것이다. 게다가 전 세계의 휴대 전화 사용자를 대상으로 판매할 수 있기 때문에 시장의 규모 또한 거대했다.

그렇게 휴대 전화에서 작동하는 프로그램을 사람들은 영어 원어 그대로 '모바일 애플리케이션mobile application' 또는 줄여서 '모바일 앱mobile App' 더 줄여서는 '앱App'이라고 불렀다. 앱을 만들어서 판매하는 사람들 중에 몇 달 만에 수억대 돈을 번 사람들의 이야기가 간간이 기사로 흘러나왔다.

노타치는 그런 기사를 접할 때마다 또 기회를 놓치는 것은 아닌가라는 생각에 안타까웠다. 자신의 발목을 잡고 있는 여러 가지 족쇄를 풀어 버려야 한다는 생각뿐이었다. 그 족쇄 중에는 회사의 사원이라는 점도 있었다.

그는 그런 고민을 지금까지 누구에게도 비추지 않았다. 하지만 다소 취한 지금, 그는 조심스럽게 말을 꺼냈다.

"찬찬히, 앱 사업에 대해서 어떻게 생각해?"

노타치는 오랫동안 마음속으로 고심하던 생각의 한 단편을 조심스럽게 찬찬히에게 내비쳤다. 그러나 찬찬히는 말이 없었다.

'자식, 너도 앱 사업을 생각하고 있구나?'

노타치는 이렇게 넘겨짚으며 괜한 말을 꺼냈구나 싶었다. 노타치는 자리에서 일어나 옷을 훌훌 털며 말했다.

"집에나 가야지! 우리가 뭐 대단한 놈이라고."

다음 날이었다. 노타치가 출근하며 느끼는 회사 분위기가 평상시와 달랐다. 직원들의 표정에도 변화가 있었다. 한편으로는 어두워 보이고, 한편으로는 밝아 보였다. 거기에는 이유가 있었다. 통신 회사를 통해서 서비스 해온 게임 프로그램이 원인을 제공했다. 국내 통신사들을 통해서만 서비스하다보니 별반 매출을 올려주지 않은 게임 프로그램이었다. 그런데 전 세계인을 대상으로 판매할 수 있는 시장, 흔히 앱스토어라고 불리는 시장이 열리면서 상황이 반전되었다. 국내 시장의 스무 배 이상이나 되는 시장이 갑자기 열린 것이다. 회사는 그 기회를 놓치지 않으려고 몇 개의 게임을 서둘러 특정 휴대 전화에 맞게 변환하여 출시하였다. 그렇게 출시한 지 한 달밖에 되지 않았는데 매출액이 십억 원이 넘었다는 것이었다. 바로 오늘 아침 그 소식이 회사 안팎으로 전해졌다.

"이야, 이거 해볼 만한 사업이네."

"이 참에 나도 독립해 볼까? 게임 하나 잘 개발해서 백만장자도 될 수 있겠는데?"

직원들은 농담 반, 진담 반으로 이런 이야기들을 주고받았다. 사실 그들은 마치 황금 광산, 또는 노다지라고 불리는 거대한 황금 광맥이 눈앞에 보는 것과 같은 느낌을 지니고 있었다.

"이제 라면 대신에 돈가스를 먹을 수 있는 거야?"

프로그래머들은 앱스토어가 생기기 전의 열악한 처우 수준을 라면 먹는 것에, 앱스토어 덕분에 자신들의 몸값이 올라가는 것을 돈가스를 먹는 것에 비유하고는 했다. 그동안 소위 '삼디3D' 업종이라고 자괴하며 사는 것이 개발자들이었다. 노력에 비해서 늘 수입이 적다는 생각들이었다. 하지만 앱스토어가 생기면서부터 게임 회사들이 직원을 대하는 태도가 달라졌다. 그리고 알게 모르게 강남 일대의 게임 개발자들의 몸값이 올라가고 있다는 소문도 퍼졌다. 너도 나도 독립해서 프로그램을 만들어서 앱스토어에 등록함으로써 부자가 될 꿈들을 꾸었기 때문에, 게임 회사들로서는 전과 달리 프로그래머들의 눈치를 보아야 하는 상황이 되었다.

'정말, 이번이 기회야. 이번 기회를 놓치면 안 돼.'

직원들이 자신들의 몸값이 올라가리라는 둥, 독립해서 회사를 차리겠다는 둥, 이번에 상여금이 꽤 많이 나올 것 같다는 등, 노력한 데 비해서 회사가 짜게 군다는 둥으로 밝은 표정과 어두운 표정을 이리저리 지어 보이며 토론하고 있을 때에, 노타치는 조용히 휴게실로 가서 커피 한 잔을 들이켰다.

"여, 노타치!"

그때 마침 노타치를 따라 들어오며 노타치를 부른 사람은 회사 지분을 꽤 많이 가진 개발 담당 이사였다. 이사는 조용히 노타치를 바라보더니, 한마디 말을 던졌다.

"딴 마음 먹으면 안 돼! 자네도 알지? 자네는 중요한 사람이야."

그런 개발 이사를 향해 노타치는 경멸한다는 표정을 처음으로 지어 보였다. 평소에는 아파트 전세금이며 아기 분유 값마저 걱정하게 할 정도로 월급을 적게 주더니, 이제 상황이 바뀌니 저런 소리도 한다 싶었다. 그런 경멸스런 표정에 당황했는지 개발 담당 이사는 커피를 다 마시지도 않은 채 자리를 떠났다.

"평소에 좀 잘하시죠."

노타치는 이사가 들으라는 듯이 큰 소리로 외쳤다. 이사는 그 소리를 듣지 못했다는 듯이 서둘러 다른 사람을 부르며 그쪽으로 다가갔다. 노타치가 이렇게까지 말한 데에는 나름대로 이유가 있었다. 오후 늦게 출근하기 전까지 많은 생각을 했고 굳은 결심을 했기 때문이었다.

'남 밑에서 끼니마다 라면을 먹느니, 가끔 먹더라도 스스로 돈가스를 먹는 것이 더 좋겠다.'

개발 담당 이사가 노타치를 피하며 부른 사람은 찬찬히였다. 비록 과장 대리라는 직급을 달고 있지만, 프로그램 작성 경력이 꽤 되기 때문에 개발 담당 이사가 보기에 찬찬히도 독립을 꿈꾸는 위험 인물이었다. 이사는 찬찬히를 자기 사무실로 불렀다. 그러고는 조심스럽게 운을 떼었다.

"자네 생각은 어때?"

"무슨 말씀이신지?"

"이번에 게임이 대박을 냈지 않느냐는 말이야. 기존에 서비스하던 게임 몇 개를 앱스토어에 맞게 변환해서 출시한 것만으로 한 달 매출이 십억 원이 넘었다는 것은 이미 공지를 통해서 다들 알 테고. 아무래도 성과급을 두둑하게 주어야겠지?"

"글쎄요. 그것은 윗분들이 알아서 하실 일인 것 같습니다."

"흠, 그래. 그건 그렇고, 자네는 어떻게 할 건가?"

"뭘 말씀이십니까?"

"다 알면서 그래."

이사의 질문에 짐작하는 바가 없는 것은 아니었지만, 찬찬히는 그래도 일부러 되물었다.

"무엇을 안다는 말씀이십니까?"

"아, 다들 앱스토어, 앱스토어 하지 않느냐는 말이야. 저마다 독립해서 앱 개발로 부자가 되겠다고 저 난리들인데, 자네라고 별 다를 거 없지 않느냐는 말이지."

"아, 예. 저는 아직 거기까지 생각은 못 해 보았습니다."

"앞으로 할 수도 있다는 이야기로 들리는군."

"……"

찬찬히는 무어라 대답할 수가 없었다. 대답할 만한 이유도 없었고, 대답할 준비도 하지 못했다. 오히려 이사가 자신을 자기 사업 생각이나 할 것처럼 보고 있다는 사실이 서운했다. 찬찬히가 침묵하자, 이사가 다시 당황스럽나는 듯이 말을 돌렸다.

"어떻게 해야 할까? 어, 어떻게 하면 좋을까?"

"이사님은 너무 말씀을 돌려서 하시네요. 제게 묻고 싶은 것이 있다면 무엇이든 물어보십시오."

"그래? 그럼 단도직입적으로 묻지. 어떻게 해야 직원들이 사표를 쓰지 않게 할 수 있을까? 그래, 예전에는 내가 사표를 강요한 적도 있었어. 솔직하게 말하지. 지금은 직원들이 필요해. 천재일우의 기회를 놓치고 싶지 않아. 그런데 직원들은 저마다 다 자란 새끼처럼 둥지를 떠나려고 해. 어떻게 해야 할까? 당장 게임들을 앱스토어에 맞게 변환하면 큰돈이 되겠는데 말이야. 상여금을 두둑하게 주면 될까?"

찬찬히는 이사의 말을 듣다가 끝말에 상여금 이야기가 나오자 실망했다. 찬찬히는 조심스럽게 말을 꺼냈다.

"이사님은 문제의 원인이 무엇인지 아직 모르시는군요."

찬찬히가 평소와 다르게 다소 반박하듯이 말하자, 이사는 '거 봐. 당신도 다를 게 없는 거야'라고 속으로 생각하였다. 하지만 속내를 감추고는 다시 한 번 물었다.

"그래? 그럼 문제의 원인이 뭘까? 그리고 어떻게 하면 문제를 해결할 수 있지? 어떻게 하면 직원들이 떠나지 않게 할 수 있을까?"

그러나 찬찬히는 대답 대신에 몇 차례의 면담을 요청했다. 이사는 찬찬히의 면담 요청에 찬찬히도 떠날 생각인가 보다고 생각하며 뜨끔해 했다.

스테이크

꿈이었다. 그러나 너무나 생생한 꿈이었다. 꿈속에서 노다지는 황금 광산을 보았다. 사막 같은 곳에 갑자기 생겨난 광산이었다. 황금 광산이 하나 생기더니, 그 광산을 시기하기라도 하듯이 땅의 이곳저곳이 금광이 되었다. 그러자 사람들이 몰려들었다. 저마다 곡괭이 한 자루씩을 쥐었다. 어떤 사람들은 힘을 합쳐 황금을 캐냈고, 어떤 이는 혼자서 황금을 캐냈다.

금광이 처음 생겨났을 때에는 먼저 금광에 들어간 사람이 황금을 많이 차지하였다. 하지만, 시간이 흐르자 금광에서 광맥을 찾기가 수월찮아졌다. 그러자 사람들은 하나의 광맥을 두고 다투고는 하였다.

그때 누군가가 나타났다. 그 사람은 찬찬히처럼 보이기도 하였다. 그 사람은 남들과 다른 도구를 사용했다. 그의 손에는 광맥 탐사기가 들려 있었다. 그는 탐사기를 사용해 광맥을 수월하게 찾아내곤 하였다. 그러자 곡괭이질을 잘하는 사람들이 그의 밑으로 들어가서 품꾼이 되었다. 시간이 흐르자 탐사기를 지닌 사람들이 물주가 되었고, 그렇지 못한 사람들은 그저 품꾼으로 살아가는 신세가 되었다. 그 품꾼 중에는 노타치도 있었다.

꿈에서 깬 노타치는 꿈을 모두 기억하지 못했다. 꿈의 전반부, 노타치가 황금을 마음껏 캐내어 가지는 부분만을 기억했다. 노타치는 잠자리에서 일어나 꿈을 전부 기억해 내려고 애써 보았다. 하지만 쉽지 않았다. 그나마 기억나는 부분에 대해서는 매우 기분이 좋았다.

'나도 황금을 캐낼 수 있다 이거지?'

노타치는 서둘러 결론을 내렸다. 회사를 그만 두고 직접 프로그램을 개발해 앱스토어에서 판매할 생각을 하였다. 충분히 성공할 수 있을 것이라는 생각이었다. 자신에게는 프로그램을 만들어 낼 뛰어난 능력이 있다고 생각하였다. 그것만 있으면 성공할 수 있다고 보았다. 약간 불안한 감이 없잖아 있었지만, 그렇다고 해서 지금 회사를 그만두지 않을 수도 없는 상황이었다. 어제 개발 담당 이사에게 무례한 말을 한 것이 못내 마음에 걸렸다. 그런 점 외에도 하루라도 빨리 회사를 떠나고 싶은 심정이었다. 무엇인가 자신을 얽어매는 속박으로부터 벗어나고 싶었다.

"그래! 일단 한번은 해 보는 거야!"

노타치는 잠자리를 힘차게 차고 일어나며 이렇게 외쳤다. 그런 노타치를 아내가 이상하다는 눈초리로 쳐다보았다. 그러나 노타치는 일단 아내에게는 비밀로 해두고 싶었다. 그렇잖아도 전세 보증금이 올라가는 문제, 아기 분유 값 문제, 병원비 문제 등으로 아내와 몇 번 다툰 상태였다. 그런데 지금 회사를 그만둔다고 하면 아내가 동의할 리가 없었다. 노타치는 그런 상황이 뻔히 보였다. 노타치는 평소와 다르게 보이지 않도록 조심스럽게 행동하며 옷을 갈아입었다. 침묵 속에 아침 식사를 마치고는 말없이 집을 나섰다. 아내의 서운한 눈초리가 느껴졌지만 당분간은 어쩔 수 없다는 생각이었다.

이런 때에 자신이 어떻게 행동하면 좋을지에 대한 기준이라도 있었으면 좋겠다는 생각이었다. 그러나 노타치는 그런 기준도 없었다. 그저 이 상황을 빨리 종결시키고 싶은 생각뿐이었다. 그러자면 직접 프로그램을 만들어서 앱스토어에 판매하는 것이 최상의 전략이라는 생각이었다. 노다지에 들어가 황금을 캐는 것만이 최선의 정책이라는 생각이었다. 그러자면 서둘러 회사를 그만두어야 한다는 생각이었다.

노타치가 출근해서 조심스럽게 사무실 문을 열자, 직원들이 노타치를 쳐다보았다. 평소와 다른 모습이었다. 평소에는 노타치가 문을 열고 들어서도 직원들이 자신들의 일에만 열중하고는 하였다. 노타치는 무언가 다른 상황이 벌어졌다고 생각했다.

'그래, 벌써 소문이 났구나. 내가 이사님께 함부로 말한 것이 벌써 다 소문이 났다 이거지. 좋아. 좋다 이거야. 어차피 사표를 쓸 생각이었으니까.'

노타치는 입술을 굳게 다물고는 조용히 자리에 가서 앉았다. 자리에 노란색 쪽지 하나가 눈에 띄게 붙어 있었다. 쪽지에는 '출근 즉시 사장실로 방문 요망'이라고 쓰여 있었다. 노타치는 '역시나!'라고 생각했다. 노타치는 조용히 서랍을 열었다. 그러고는 사직서를 써서 준비해 온 봉투에 넣었다. 오히려 마음이 가벼웠다. 사장실로 가서 당당하게 문을 열었다. 사장실에는 개발 담당 이사도 함께 앉아 있었다. 찬찬히 팀장도 있었다.

"여, 우리 공신들이 오늘 다 모였네."

사장이 평소답지 않게 호들갑스러운 모습으로 노타치를 맞아 주었다. 그러더니 노타치에게 악수를 청했다. 정말, 평소답지 않은 모습이었다. 노타치는 약간 당황스러웠다. 어색한 악수를 마치고 나서 사장이 자리에 앉기를 권했다. 찬찬히 팀장이 살짝 옆으로 비틀어 앉으며 앉을 자리를 내주었다. 노타치가 앉자 사장이 먼저 말을 꺼냈다.

"자네들, 정말 수고 많았어. 우리가 이번에 앱스토어에 내놓은 게임들이 정말 잘 팔리고 있다는 것은 자네도 알 거야. 그동안 좁아터진 국내 시장에서 별반 매출도 못 내던 게임들이었는데 말이야. 이제 세계 모든 사람을 대상으로 판매할 수 있게 되니 당연한 일이기도 하겠지만, 어쨌든 자네들의 공이 커."

이렇게 말하고는 사장이 찬찬히와 노타치에게 서류 하나씩을 건넸다. 인사 발령장이었다. 찬찬히와 노타치는 의아해하며 발령장을 살펴보았다. 두 사람을 과장 대리에서 과장으로 정식 발령한다는 내용이었다. 노타치와 찬찬히가 발령장의 의미를 제대로 파악하기도 전에 사장이 다시 말을 꺼냈다.

"그래서 말인데, 이번에 회사 조직을 확대하려고 해. 기존의 개발과를 개발 1과와 개발 2과로 나누고 두 사람을 각각 과장으로 임명하는 거야. 그리고 각 과의 인력도 자네들이 충원하고 싶은 대로 하게. 그리고 향후에 성과가 좋으면 더 좋은 일이 있을 테니까, 기대들 하라고. 그리고 자네들에 대한 인사 발령 내역은 이미 다른 직원들도 알고 있을 거야. 사내 게시판에도 올려놓았으니까 말이야. 또 오늘 모든 사원들에게 적절한 성과급이 지급될 거야."

그날 직원들은 모처럼 회식을 했다. 전에 노타치가 짜증을 부렸던 호프집에서 소위 말하는 '2차' 회식도 가졌다. 호프집 실장은 노타치를 보자 언제 그랬냐는 듯이 인사를 했다. 하지만 노타치는 모른 척 했다. 실장이 어색해하며 자리를 뜨자, 찬찬히가 오히려 실장을 불러서 이런저런 이야기를 주고받으며 실장의 마음을 달래 주었다.

그렇게 그날 회식이 끝나고 노타치는 오랜만에 아내 앞에서 당당해졌다. 그러고 큰 소리로 말했다.

"월급 통장 한번 살펴봐."

노타치의 아내가 인터넷으로 잔액 조회를 해 보았다. 아내의 눈이 휘둥그레졌다. 기대 이상의 성과급이었다. 아내의 표정이 밝아졌다. 노타치도 그다지 기분이 나쁘지는 않았다. 어쩌면 이번에 난 수익을 거의 전부 다 직원들의 성과급으로 지급했을 수도 있다고 여겨질 만큼 많은 성과급이었다. 회사로서는 직원들을 붙잡기 위해서라도 그렇게 할 수 밖에 없을 것이라는 생각이 불현듯 들었다. 그러면서 한편으로는 그 정도로 거대한 사업 기회가 열렸다는 느낌도 왔다.

'그렇다면, 그렇다면 말이지. 내가 사업을 해도 크게 성공할 수 있지 않을까?'

노타치는 양복 주머니에 넣어 두었던 사직서를 다시 한 번 보았다. 양복을 옷장에 넣어 걸으면서 약간의 잔꾀가 났다.

'회사를 다니면서 일단 몇 작품을 만들어 보아야겠군. 그래서 그것이 성공하면, 그때 가서 그만 두면 되지 뭐. 괜히 회사를 그만 두는 것을 먼저 하기보다는 그게 낫겠어. 월급도 받고, 사업 기회도 잡고 말이야. 돈가스를 먹는 것만으로 만족할 수 없어. 스테이크를 먹으면서 살아야지.'

노타치의 회사에서 라면은 그동안 괄시받던 프로그래머들의 급여 수준을, 돈가스는 대우받기 시작한 프로그래머들의 상태를, 스테이크는 자기 사업을 하면서 충분한 수익을 올리는 프로그래머의 지위를 상징하는 어휘들이었다. 이제 막 노타치는 라면을 먹는 입장에서 돈가스를 먹는 수준으로 바뀌었다. 하지만 하루빨리 스테이크를 먹고자 하는 것이 노타치의 마음이었다.

다음 날, 노타치는 일찍 출근했다. 무엇인가 달라진 모습을 보여 주어야 한다는 생각이었다. 과장 대리가 아닌 과장으로서의 첫 출근, 그리고 인력 충원의 권력까지 쥐게 된 실세 과장으로서의 첫 출근길이 왠지 모르게 밝아 보였다. 직원들이 노타치를 대하는 태도 또한 달라졌다. 그렇게 노타치는 한동안 업무에만 전념하는 듯이 보이려고 애를 썼다.

시간이 흘러 어느 정도 조직이 안정되자 노타치는 자신의 계획을 밀고 나갔다. 노타치는 자신의 업무 중에 많은 부분을 대리급 직원들에게 맡기고는, 서둘러 퇴근을 했다. 그러고는 집에서 자신만의 프로그램을 만들었다. 때로 업무가 산적해서 모든 직원들이 야근하는 상황에서도 노타치는 일찍 퇴근했다. 그러고는 또 프로그램을 만들었다. 그런 일들이 잦아지면서 직원들이나 상사의 눈치가 달라진다는 느낌이 들 때면, 집에서 일하다가도 회사로 다시 들러 야근하는 직원들을 독려하고 나오고는 했다.

마침내, 노타치는 자신이 만든 프로그램들을 여러 앱스토어에 등록했다. 기대 이상이었다. 판매량을 나타내는 숫자가 매분마다 바뀌었다. 그리고 하루 동안의 판매량, 일주일 동안의 판매량이 노타치의 상상을 넘어섰다. 한 달 뒤였다. 그동안 판매된 금액의 70%가 통장으로 입금되는 날이었다. 노타치는 자신의 통장을 살펴보았다. 노타치는 까무러칠 뻔 했다. 전세 보증금 정도는 가볍게 올려줄 수 있을 뿐만 아니라, 작은 아파트 한 채를 살 만한 돈이었다. 그 돈이라면 지금 다니는 회사만한 회사도 차릴 수 있을 것만 같았다.

"여보, 이봐, 여보."

노타치는 큰 소리로 아내를 불렀고, 아내도 통장을 보더니 크게 놀랐다. 노타치가 마음을 추스르고 나서 조용히 사직 계획과 사업 계획을 알렸다. 노타치의 아내는 아무런 말이 없었다. 하지만 노타치는 그것이 무엇을 의미하는지 알고 있었다. 이미 명백한 증거를 보여준 상태였다. 사직하고 나서 자기 사업을 해도 성공할 수 있다는 것을 직접 증거로 들이대었으니, 아내라고 해서 뭐라고 할 상황이 아니었다. 기대대로였다. 어느 정도 시간이 흐른 뒤에 아내의 입에서 노타치가 기대한 대답이 나왔다.

"당신이 결정한 대로 해요."

그러고 나서 며칠 후, 노타치의 전화기가 쉴 새 없이 울렸다. 여기저기 언론사에서 취재를 하겠다는 것이었다. 그런 상황을 회사에서 두고만 볼 일이 아니었다. 사장과 개발 담당 이사의 추궁이 이어졌다. '회사 업무 시간에 일한 것은 아니냐'라거나 '업무 시간에 일한 것이 아니더라도 업무에 소홀한 것은 아니냐'는 식이었다. 노타치는 법적으로 아무런 문제가 없는 행동이었다고 항변했지만 회사는 노타치에게 도의적으로 그래서는 안 되는 것 아니냐고 되물어 왔다. 노타치의 성공 소식에 모든 직원들이 술렁이게 되었다는 점 또한 노타치가 책임져야 할 부분이라고 말했다. 몇 번의 인터뷰가 진행되고 나서 노타치는 결국 회사를 그만두었다.

차라리 홀가분했다. 그것이 노타치의 심정이었다. 무거운 짐을 내려놓은 것 같았다. 오히려 이제 더 빨리 달릴 수 있을 것만 같았다. 노타치는 머리를 식힐 생각으로 아내와 해외여행을 다녀왔다. 그리고 더 넓은 집으로 이사했다. 회사도 세웠다. 평소에 하고 싶었던 주식 투자도 시작하였다. 프로그램도 이것저것 많이 만들어 등록하였다.

그러나 그것이 마지막 불꽃이었다. 이미 앱스토어에는 좋은 품질과 뛰어난 아이디어로 무장한 개발자들이 많이 들어와 있었다. 노타치가 등록한 프로그램을 소비자에게 알리는 것조차 버거웠다. 들인 노력에 비해서 성과가 적었다. 마치 새총으로 탱크를 무찌르려는 것 같은 형국이었다. 노타치는 점점 그런 상황이 되어 가고 있다고 느꼈다. 아무리 총알 같은 프로그램들을 만들어 등록해 보았자, 탱크에 비유할 수 있는 소비자의 마음을 정복하기가 쉽지 않았다. 자본금은 점점 떨어져만 가고, 주식 투자한 것도 그다지 신통치 않았다.

노타치는 그럴수록 첫 경험을 잊을 수가 없었다. 갑자기 큰돈이 벌리던 짜릿한 경험을 잊을 수가 없었다. 그것은 노타치의 두뇌를 중독시켰고, 노타치는 그 중독에서 벗어나지 못했다. 노타치는 계속해서 간단한 프로그램을 만들어 등록했다. 그러나 시간과 자금이라는 자원만 낭비하는 꼴이 계속 되었다. 처음에 채용했던 많은 인력을 떠나보내고, 결국 노타치 혼자만 남았다. 그래도 노타치는 언젠가 기회가 열릴 것이라는 생각이었다. 그러다가 생각대로 되지 않자, 마침내는 처음과 다른 생각까지 품었다.

'여차하면 다른 회사로 들어가면 되지 뭐.'

노타치는 스테이크를 이미 한 번 먹어 보았다. 그렇지만 여차하면 다시 돈가스를 먹을 수 있다는 생각이었다. 스테이크를 먹기 위해서 처절하게, 끝까지 가보리라는 생각을 접은 지 이미 오래 전이었다. 그렇다고 해서 당장 일을 그만두고 싶지는 않았다.

"어떻게 해야 좋은 성과를 낼 수 있을까?"

노타치는 늘 하던 대로 비어버린 직원용 책상 사이를 이리저리 다니면서 고민을 하였다. 며칠 있으면 사무실도 비울 생각이었다. 조그만 오피스텔이나 하나 얻어서 거기서 혼자서 프로그램을 만들어 볼 생각이었다. 사무실을 유지하기조차 버거워져 버린 지금, 떠나버린 직원들에 대한 생각과 비워진 책상들의 모양이 노타치의 마음을 더욱 여리게 하였다.

피라미드

노타치는 또 꿈을 꾸었다. 전과 비슷한 내용인 것 같으면서도 꿈의 전개 방식이 달랐다.

꿈속에서 노타치는 중앙아시아의 거대한 사막 한가운데에 있었다. 그 사막 한가운데서 거대한 피라미드를 보았다. 어떤 학자에게도 알려지지 않고, 오직 지역 주민들만이 '돌산'이라고 부르는 거대한 피라미드였다. 그런데 갑자기 상황이 바뀌더니 사막은 물이 풍부한 동산으로 변했다. 동산의 한가운데에는 넓은 호수가 있고, 그 호수로 네 개의 강이 흘러들고, 호수에서 하나로 합쳐진 다음에 한 줄기가 되어 다시 또 다른 동산으로 흘러 나갔다.

노타치가 신기한 듯 동산을 바라보고 있을 때에, 어느새 피라미드가 사라지고 많은 사람들이 나타났다. 그들은 저마다 조를 짜서 돌을 날랐다. 나무를 밑에 괴고, 그 위로 먼 사막에서 떠낸 돌을 굴려 피라미드 공사장까지 가져왔다. 그들은 좁고 높은 탑을 쌓으려고 하였다. 좁고 높은 탑을 거의 다 쌓을 무렵에 약한 지진이 났고 탑이 곧 무너지고 말았다. 그들은 다시 탑을 쌓았지만 매번 지진 때문에 탑이 무너지고 말았다.

 그때 찬찬히와 비슷한 모습을 지닌 사람이 오더니 그러지 말라고 사람들에게 지시를 내렸다. 그러고는 밑을 넓게 하라고 지시하는 듯이 보였다. 또 거대한 반석 같은 지형 위에다 피라미드를 쌓으라고 하였다. 그는 피라미드 모형을 땅에 그려 공사장 간부들에게 보여 주었다. 그러자 간부들은 알았다는 듯이 고개를 끄덕이고는 즉시 인부들을 불러 지시를 내렸다. 얼마 안 있어서 탑 대신에 피라미드가 만들어졌다. 이번에도 약한 지진이 일어났다. 하지만 피라미드는 무너지지 않았다. 밑이 넓어서인 것 같았다. 전에는 몇 번이나 무너졌던 탑과 달리, 피라미드가 무너지지 않았기 때문에 그들은 또 다른 피라미드를 쌓을 수 있었다.

 얼마 있지 않아 거대한 지진이 일어났다. 덕분에 강줄기가 바뀌고, 호수는 사라지고, 동산은 사막이 되었다. 그래도 피라미드들은 여전히 그 자리에 우뚝 서 있었다. 그것은 사막을 지나다니는 사람들에게 조그만 길잡이가 되었다.

노타치는 꿈에서 깨어나 꿈을 깊이 생각해 보았다. 왜 찬찬히의 모습이 보였을까, 피라미드는 무엇을 의미하는 것일까, 탑은 무엇을 의미하는 것일까 등을 생각해 보았다. 그러나 딱히 답이 떠오르지 않았다. 노타치가 답을 얻은 것은 현실 세계에서였다. 그것도 그의 탑이 철저히 무너지고 난 다음이었다.

'무엇인가 의미가 있을 거야.'

이렇게 독백을 하는 중에 노타치는 꿈속에서 본 사람이 생각났다. 찬찬히와 비슷해 보이던 그 사람. 노타치는 그 사람이 찬찬히를 상징한다는 생각을 했다.

노타치가 퇴사하고 난 뒤에, 찬찬히는 떠밀리다시피 개발 1과와 개발 2과를 총괄하는 개발부 부장이 되었다. 그가 개발부 부장으로서 처음 맡은 일은 기존에 일반 휴대 전화기용으로 제작해 둔 모든 게임을 앱, 그러니까 스마트폰에서 돌아가는 게임 프로그램으로 전환하는 것이었다. 수백 개나 되는 게임 프로그램을 변환하는 일이 만만치 않았다. 그것을 또 여러 가지 스마트폰 규격에 맞추어 다시 제작하다보니 더더욱 오랜 시간이 걸렸다.

"이럴 때, 노타치라도 있었으면……."

찬찬히는 새삼 노타치의 뛰어난 능력이 아쉬웠다. 비록 좌충우돌하는 성격이기는 하지만, 이렇게 단순한 일을 한 번에 마무리를 지을 수 있는 능력을 지닌 친구이기도 했다. 그러나 요즘 때때로 들려오는 노타치의 소식이 그다지 좋은 것만은 아니었다. 찬찬히는 때때로 씁쓸한 마음을 품으며 게임 전환에 매진했다.

찬찬히가 게임을 전환하여 출시하는 초기에 회사의 매출이 지속적으로 상승 곡선을 그렸다. 그러다가 개발 공정이 절반쯤 지날 무렵에 회사의 매출이 하락 곡선을 그렸다. 이미 앱스토어에는 경쟁력을 갖춘 게임들이 다수 등록되었고, 단지 기존 게임을 변환하는 것만으로는 큰 수익을 내기 힘든 상황이 되었다.

회사에서 그런 상황을 모를 리 없었다. 사장을 비롯하여 이사진이 심각하게 고민하고 있다는 이야기들이 들려왔다. 비대해진 조직에 비해서 수익이 적다라든가, 잘못하면 다시 감량 경영에 들어갈지도 모른다는 이야기도 들려왔다. 그 소식이 찬찬히에게도 전해졌다. 그러나 찬찬히는 그저 묵묵히 전환 업무만을 진행시켰다. 부하 직원들에게도 요동하지 말라고 하였다.

마침내 그가 맡은 모든 업무를 마쳤다. 그러고는 보고회를 가졌다. 그는 이번에야말로 자신의 주장을 펼칠 시기라는 생각이 들었다. 그는 그동안의 개발 과정을 간략히 설명하고, 앞으로 나아갈 방향에 대해서 말했다. 그가 말하는 동안에 화면에 나타난 것은 여덟 개 층으로 이루어진 피라미드였다. 피라미드의 가장 아래층에는 발상이라는 문구가, 그리고 그 위 층부터는 구상·선별·확정·설계·제작·출시·판촉이라는 문구가 차례로 기록되어 있었다.

"앞으로 앱 시장의 경쟁은 더욱 치열해질 것으로 보입니다. 어느 정도 개발 조직을 갖춘 회사라면 앱 개발 자체가 어려운 일이 아닌데다가, 또 기존의 피시용 프로그램이나 휴대 전화용 프로그램들을 손쉽게 스마트폰용 앱으로 전환할 수 있습니다. 이러다보니 경쟁은 더욱 치열해졌고, 앞으로는 더욱 치열해질 것입니다. 이런 상황에서 핵심 경쟁력은 아이디어가 될 것입니다. 남과 다른 것을 만들려면 남과 다른 발상이 있어야 하는 것입니다. 아이디어는 이 피라미드가 상징하는 개발 과정 중의 가장 밑층과 같은 역할을 할 것입니다. 저변이 넓어야 그 위층도 안정되어 피라미드를 더 높이 쌓을 수 있듯이, 아이디어가 많을수록 성과를 내는 프로그램도 많아질 것이라고 생각합니다."

그러면서 그는 한 마디 덧붙였다.

"다시 한 번 강조하지만 저변이 넓을수록, 그러니까 기본이 충실할수록, 더욱 안정되고 높은 성과를 낼 수 있다고 봅니다."

그렇게 보고회가 끝나고, 오랜 토의 과정을 거쳐 마침내 찬찬히는 또 다른 권력을 쥐었다. 그것은 향후 모든 개발 공정, 심지어 제품 기획부터 출시까지를 찬찬히가 책임진다는 것이었다. 책임을 지는 만큼 권한도 많이 부여받았다. 그런 권한과 책임에 대해서 강조라도 하듯이 이사진은 때때로 찬찬히의 주의를 환기시키고는 했다.

"자네 어깨에 달려 있어."

"어쨌든 우리는 자네를 믿기로 했으니까, 잘 해 보게."

"그런데 정말 좋은 성과를 낼 수 있기는 한 거지?"

이런저런 압박을 받으면서도 찬찬히는 자신의 생각대로 개발부를 이끌었다. 아이디어 발상법들을 직원들에게 가르쳐 아이디어들을 최대한 많이 만들어 내게 하였다. 그런 작업이 한 달 정도 지나자, 꽤나 많은 아이디어가 쌓였다. 그것은 여덟 층으로 이루어진 피라미드의 첫 층을 아주 넓게 쌓는 일이었다.

그러나 이사진에서는 찬찬히의 운영 방식을 못마땅해 했다. 매주, 또는 매일 프로그램을 등록할 때에도 시원찮았던 수익이 한 달이나 새로 등록하는 프로그램이 없게 되자 더욱 시원찮아졌다. 월계표에 그런 상황이 뚜렷이 나타나자 이사 중에는 찬찬히의 책임을 거론하는 사람도 있었다. 다행히 찬찬히가 책임과 권한을 떠맡은 첫 달에는 견책으로까지 이어지지 않았다. 둘째 달이 지나자 사장과 몇몇 이사들이 개발부를 자주 들렀다. 그러면서 항상 비슷한 말을 넌지시 건네고 갔다.

"언제쯤 새 프로그램이 나올까?"

새 프로그램을 빨리 출시하라는 무언의 압력이었다. 하지만 찬찬히는 급하다고 피라미드 대신에 탑을 쌓고 싶지는 않았다. 그는 직원들에게 흔들리지 말고 계속 발상을 하고, 발상을 구체화하는 작업인 구상도 하고, 또 좋은 아이디어들을 선별하라고만 하였다.

그러나 이사진은 부서를 개편할 생각을 하였다. 사실 이사진으로서는 꽤 많은 개발 인력을 한 달 이상이나 그저 아이디어나 내는 일에 투입한다는 것이 다소 마땅치 않다는 생각이었다.

둘째 달 중순쯤에 조직 개편이 있을 것이라는 소문이 직원들 사이에 돌았다. 개발부의 명칭이 개발팀으로 다시 바뀌고, 개발팀은 개발 1팀과 개발 2팀으로 나뉜다는 것이었다. 그리고 개발 1팀은 찬찬히가 부장급 팀장으로서 계속 맡고, 개발 2팀으로는 역시 또 다른 부장급 팀장이 온다는 것이었다. 직원들은 때때로 모여 조직 개편에 대해 불안감을 나타내고는 했다.

"소문 들었어?"

"뭘?"

"조직 개편이 있을 것이라던데?"

"조직 개편? 그럼 여태 해온 일은?"

"그건 나도 모르지. 아마도 우리가 프로그램을 작성하는 일을 하지 않고 아이디어나 내고 있으니 윗선에서 고깝게 본 모양이야."

"그럼, 우리 잘리는 거야?"

"설마, 우리까지 자르겠어?"

"흠, 우리 부장님도 참, 그저 시키는 대로만 하시지."

"그러게 말이야. 부장님 덕분에 우리까지 불안에 떠는 신세가 되었군."

소문은 곧 진실인 것으로 밝혀졌고 조직이 개편되었다. 다행히 찬찬히의 부장 직위는 그대로 유지되었다. 다만 개발1팀장이라는 새로운 직책이 생겼다.

그러고 얼마 있지 않아서 개발 2팀 팀장이 첫 출근을 했다.

그는 다름 아닌 노타치였다.

"어? 노타치."

찬찬히는 놀라지 않을 수 없었다. 그리고 약간의 배신감마저 느꼈다. 회사를 위해 충성을 다한 사람을 내치고, 자기의 이익을 위해서 애쓴 사람을 다시 불러들인다는 것은 무척이나 기분 나쁜 일이었다.

찬찬히는 회사를 그만둘까도 생각해 보았다. 그러나 피라미드의 밑부분만 쌓고 떠나기에는 그가 그동안 직원들과 쌓아둔 업적이 너무나 아까웠다. 수많은 아이디어들, 그리고 선별해 둔 좋은 아이디어들, 그것을 제대로 절차를 밟으면서 구현해 내기만 하면 소위 말하는 '킬러 애플리케이션killer application' 우리말로 '죽이는 프로그램' 또는 '대박 프로그램'이라고 할 만한 것들을 건질 가능성도 있다는 생각이었다.

노타치가 출근한 날, 찬찬히는 개발 1팀장으로 강등되다시피 부임한 것을 씁쓸하지만 기념해야 했고, 팀원들의 사기를 북돋기 위해서 잘 가던 호프집에서 회식을 했다.

"여러분 기죽지 맙시다. 우리는 피라미드를 쌓고 있는 중입니다. 피라미드가 완성될 때까지만 참자고요. 발상 · 구상 · 선별 · 확정 · 설계 · 제작 · 출시 · 판촉 중에서 앞으로 다섯 단계만 남았습니다. 우리가 그동안 선별해 둔 좋은 아이디어

중에서 프로그램으로 만들 것들을 확정하고, 설계하고 제작해 봅시다. 그리고 시장에 내놓고 판촉을 하면 됩니다. 여덟 층으로 이루어진 피라미드 중에서 우리는 세 층을 아주 넓게 만들어 놓았기 때문에 나머지 층을 튼튼하게 쌓을 수 있다고 봅니다."

노타치가 여러 말로 개발 1팀 팀원들을 격려하자, 다소 의기소침해하던 팀원들이 "우리는 부장님만 믿습니다."라며 즐겁게 소리쳤다.

한편 개발 2팀 또한 다른 곳에서 회식을 가졌다. 그곳에서도 노타치의 목소리가 팀원들 사이로 흘렀다.

"저는 성공해 본 경험이 있습니다. 제 경험을 여러분에게 나누어 줄 것입니다. 제 경험을 여러분이 활용해서 만들어 내야 할 것은 성과입니다. 빠른 성과를 내는 게 중요합니다. 그 일을 위해서 제가 왔습니다. 프로그램 하나를 만들기 위해서 몇 달씩이나 허비할 필요가 없다고 생각합니다. 앱이라는 것은 작은 프로그램입니다. 잘만 하면 일주일에 하나씩도 만들 수 있어요. 우리는 이렇게 다량의 프로그램을 빨리 만들어 내야 합니다. 그것이 회사가 원하는 일이고 우리 팀이 해야 할 일입니다."

찬찬히의 접근 방식이 지루하다고 생각한 사람들이 거의

다 개발 2팀에 자원했기 때문에, 그들은 노타치의 부임과 독려에 흥분했다. 그들은 마치 놀이하듯이 새로운 프로그램을 빨리 시장에 내어보고 그 반응을 빨리 보기를 원했다. 사실 팀원들로서도 찬찬히 방식은 왠지 모르게 불안했다. 빠른 성과를 바라는 회사의 방침과는 달리 몇 달이 지나도록 눈에 보이는 성과를 내지 못하고 있었기 때문에 그들 자신의 자리마저 위협받는다는 생각이었기 때문이다.

반면에 개발 1팀을 자원한 사람들은 그래도 찬찬히를 믿어보자는 생각이었다. 찬찬히는 그들의 생각에 보답하기 위해서 성의를 다해 공정 계획표를 짰다. 회사에서 그를 내치지 않을 것이라고 생각하는 시간은 다섯 달이었다. 그동안에 그와 직원들이 선별해 둔 아이디어를 구현해 내야 했다. 아이디어는 확실했다. 아직까지 세상의 그 누구도 만들어 보지 못한 프로그램에 대한 아이디어였다. 그런 좋은 아이디어를 선별하기 위해서 대량의 아이디어를 먼저 발상하도록 한 것이었다.

"좋아. 분명해. 앞으로 다섯 달. 나와 노타치. 과연 누가 좋은 성과를 낼 수 있을지는 모르겠지만, 계획대로 가 보는 거야."

찬찬히가 공정 계획을 모두 작성한 후에 독백하듯이 읊조렸다. 그리고 또 다른 결심도 읊조렸다.

"늘, 중요한 것은 기본이야. 기초가 탄탄해야 하고, 문제 상황이 빚어지면 근본적인 것부터 해결해야 하지. 줄기를 잡으면 이파리는 자연히 따라오게 되어 있는 거야."

그것은 그의 소신이기도 하고 철학이기도 하였다. 그는 자신의 소신과 철학을 따라서 개발 1팀의 근무 방식을 지정하였다.

"오전에는 연구하고 토론만 할 것입니다. 그것이 우리 공정, 그러니까 우리 프로젝트를 진행하는 데에 기초가 되기 때문입니다. 그리고 오후에는 개발에 힘씁시다. 저는 기초 역량을 중시해야 한다고 생각합니다. 프로그래머의 기초 역량, 디자이너의 기초 역량이 중요합니다. 기본기가 중요하다는 말이죠."

그러나 찬찬히의 운영 방식을 이사진은 여전히 고깝게 보았다.

"회사가 공부하는 곳도 아니고 말이야."

"그럴 거면 뭐 하러 회사 다녀? 학교에나 가지."

이런 식의 말들이 이사진 사이에 오고 갔다. 이사진은 찬찬히에 대해서는 불평을 토로하면서 노타치에게는 큰 기대를 했다. 노타치는 개발 2팀장으로 부임한 지 한 달 만에 매주 한 개씩 모두해서 네 개의 프로그램을 개발해서 등록해 내었다. 그동안에 찬찬히가 한 일이라고는 공정 계획을 세우고 직원들을 교육한 것뿐이었다. 점수로 치자면 오 대 영5:0인 상황이었다.

이사진은 눈에 띄지 않을 정도로 조용히 개발 1팀을 해체하고, 개발 2팀을 개발부로 확대 개편할 생각을 하였다. 그런 상황에 아랑곳없이 찬찬히는 처음 계획대로 직원들의 기초 역량을 키우는 일에 힘썼다. 시간이 흘러 마침내 첫 작품이 나왔다. 찬찬히가 개발부를 맡은 지 몇 달이 흐른 뒤였다. 그러나 그다지 좋은 반응을 얻지는 못하였다. 또 한 달이 지났다. 찬찬히는 두 번째 작품을 내었다.

그동안에 노타치는 수많은 제품을 만들어 내었다. 하지만 천천히 노타치의 제품들에 대한 불평이나 불만이 제기되었다. 너무 서둘러 제품을 만드는 바람에 여기저기서 오작동이 일어나는 듯이 보였다. 소비자들이 아주 민감하게 반응하였다. 회사에 대한 평가마저 나빠졌고, 수익이 급강하하였다. 이제는 무슨 프로그램을 만들어 내어도 소비자들이 사주지 않을 기세였다. 게다가 노타치는 더 이상 새 프로그램을 만들어낼 만한 아이디어마저 내지 못하였다. 개발 2팀의 직원들도 매일같이 지속되는 밤샘 작업에 이제는 지쳐 버렸다. 게다가 갈수록 경쟁이 심화되는 상태에서 난이도가 높은 프로그램을 만들어야 하다 보니 자신들의 역량이 부족하다는 생각마저 들었다.

반면에 찬찬히의 작품들은 서서히 좋은 반응을 얻어 나갔다. 품질 면에서, 사용 편의성 면에서, 그리고 효용 면에서 좋다는 평가들이 게재되었다. 그것으로 회사는 간신히 명성을 유지할 수 있었다. 찬찬히의 공정 계획표에 따라서 끊임없이 새로운 작품들이 나오고, 찬찬히가 늘 중시한 대로 직원들의 기초 역량이 그러한 작품들을 뒷받침해 주었기 때문에, 점점 개발 1팀의 성과가 좋아졌다. 이사진의 불평도 잦아들었고, 사장이 찬찬히를 보는 눈빛도 부드러워졌다.

그렇게 다섯 달이 흘렀을 무렵이었다. 찬찬히가 개인적인 사정으로 일주일 정도 회사를 비우고 난 뒤 돌아왔을 때에, 그의 귀로 박수 소리가 들렸다.

"부장님, 보세요."

"왜?"

"부장님이 안 계신 동안에 백만 개 판매를 달성한 프로그램이 나왔어요. 백만 번이라고요."

"뭐, 정말? 사람들이 앱을 백만 번이나 내려 받았어?"

"그렇다니까요."

"가만, 백만 건이나 팔린 셈이니까, 매출로는 얼마야?"

"한 개당 1.99달러니까, 거의 이백만 달러어치네요."

"그러니까, 우리 돈으로 얼마냐고."

"일 달러 당 천이백 원으로 어림잡으면 한 이십사억 원 정도 되겠죠?"

"와, 대단한 걸? 이걸 우리가 만든 거 맞아?"

"맞아요. 우리가 해냈다고요. 게다가 십만 건 이상 기록한 프로그램도 여러 개 있어요."

찬찬히는 가슴까지 벅차오르는 감정을 억지로 눌렀다. 직원들 앞에서 감정을 쉽게 내보이지 않으려고 애썼다. 그러나 감정을 억누를 만한 힘이 없었다. 아니 감정의 크기가 그가 감당하기에는 너무나 컸다. 찬찬히는 눈시울을 적셨다. 초창기에 받았던 비난들이 떠올랐다. 그러나 이제는 그 비난이 오히려 자신의 영광을 더 드리내 주는 것이 되었다.

개발 1팀이 이렇게 환호성을 지르고 있을 때에, 칸막이 저편의 개발 2팀 팀원들이 한 명씩 사무실을 나갔고, 몇몇 사람만이 쭈뼛거리며 개발 1팀 쪽을 바라보았다. 그리고 개발 2팀장인 노타치가 조용히 사무실을 나갔다. 개발 1팀은 그런 상황을 알아차리지 못했지만, 개발 2팀의 남은 직원들은 마냥 부러운 눈빛으로 개발 1팀을 바라보면서, 사무실 문을 열고 나가는 노타치의 뒤통수로 원망의 눈초리를 쏘아 보냈다.

그러면서 노타치에게는 들리지 않을 정도로 불평들을 쏟아 내었다.

"쳇, 줄을 잘못 탔군."

"우리들이 알아서 줄 선 것 아닌가?"

"그래도 장수가 똑똑해야지. 나는 줄을 잘못 본 죄 밖에 없어."

"하기는……. 처음에는 마냥 좋았지. 금방 성과가 나타나니까 말이야. 그런데 그게 족쇄가 될 줄은 몰랐네."

"뭐, 딱히 노 부장님의 방법이 잘못되었다고 할 수는 없겠지. 경우에 따라서는 그런 방법이 필요할 때도 있기는 할 텐데, 이번에는 아니었던 것 같아."

"이제 우리는 어떻게 해야 하지? 나도 이제 개인 개발자가 되어야 하는 건가? 집에서 프로그램이나 만들어서 팔아야 하나? 이번에 확 저질러 버려?"

"무얼 어떻게 하긴 어떻게 해. 당분간은 그냥 조용히 숨죽이고 기다려 보는 거야."

"하긴 노 부장님도 어떤 수가 있겠지."

"꼭 노 부장님이 아니더라도 찬 부장님도 그렇고, 이사진에서도 뭔가 결정이 있겠지."

노타치라고 직원들의 따가운 시선을 모를 리 없었다. 그래서 더더욱 서둘러 사무실을 빠져나왔다. 그러고는 무작정 걸었다.

'왜, 안 되는 거야. 왜?'

노타치는 하늘을 보며 마음속으로 소리쳤다. 그러고는 다시 고개를 숙이고는 생각해 보았다.

'왜 잘 되다가 안 되는 걸까? 내 인생은 항상 이 모양일까? 인터넷 열풍에 조금 잘 나갈 것처럼 보이다가 안 되고, 다시 벤처 열풍에 조금 잘 나갈 것처럼 보이다가 안 되고, 이번에는 앱스토어에서 잘된다고 생각했는데 또 다시 원점이고, 회사에서 다시 기회를 잡을 수 있을 것이라고 생각했는데 또 다시 원점이군.'

노타치는 그렇게 오랜 시간을 걷고 또 걸었다. 그러고는 점심시간이 다 되어갈 무렵에서야 회사로 들어왔다. 잠시 나가 있던 팀원들도 모두 돌아와 있었다. 개발 1팀의 흥분한 분위기도 다소 누그러들었다. 노타치는 말없이 자신의 자리를 찾아 앉았다. 그러고는 남이 보지 않게 조심스럽게 사직서를 썼다.

'이번이 두 번째군.'

하지만 이번에는 자신이 없었다. 사직서를 쓰고 나서 또 다시 성공하리라는 자신이 없었다. 그렇다고 해서 회사에 계속 있을 마음도 없었다. 그가 하는 업무가 실패한 이상, 회사에서 추궁이 내려올 것이 뻔하였다. 그때까지 기다리고 있다가 모멸감을 느끼고 싶지 않았다. 그렇다고 당장 사표를 내자니 아내와 아이들이 눈에 어른거렸다. 또다시 아내를 걱정스럽게 하고 싶지는 않았다. 사직서를 봉투에 집어넣는 그 순간까지 생각했다. 그는 사직서를 구겨서 양복 주머니에 넣고는 아무렇지 않은 듯이 다시 근무했다.

그러고는 컴퓨터 모니터를 켰다. 앱스토어에 자신의 팀이 등록한 프로그램들이 얼마나 팔렸는지를 살펴보았다. 등록한 것은 개발 1팀과는 비교할 수 없을 정도로 많았지만, 모두가 초라한 성적만을 거두었다. 어떤 것은 수백 건, 어떤 것은 수천 건 팔렸을 뿐이었다. 유일하게 수만 건의 판매 수를 기록한 것도 있기는 하였지만, 그것은 정말 유일한 것이었다. 그 정도 판매량으로는 노타치 자신의 급여조차도 충당하기 힘들었다.

노타치는 전화기를 꺼내어 문자를 보냈다.

'찬찬히, 나 좀 도와줘.'

노타치가 부끄러움을 무릅쓰고 찬찬히에게 도움을 요청했다. 그는 찬찬히가 안 되는 듯하다가, 결정적으로 잘되는 비결이 무엇인지 알고 싶었다. 늘, 거의 모든 면에서 초기에는 노타치가 앞서 나갔다. 학교를 다닐 때에도 그랬고, 직장 동료가 되어 일을 시작할 때에도 그랬고, 간부가 되었을 때에도 그랬다. 그런 일은 바로 몇 달 전까지도 벌어졌다. 하지만 늘 그랬듯이 몇 달 또는 몇 년이 지나고 보면 늘 노타치가 졌다.

노타치는 처음에는 그런 일들이 벌어지는 것이 우연이겠거니 했다. 하지만 생각이 바뀌었다. 분명히 찬찬히에게는 어떤 비결이 있다. 그 비결이 모든 일에 대한 해법은 아닐지라도, 어떤 일에는 좋은 해법이 될 것이라는 생각이었다.

문자에 대한 답이 신속하게 왔다.

'무슨 일 있어?'

역시나 찬찬히다운 반응이었다. 노타치 같으면 경쟁자가 된 마당에 다소 불편해 하기도 하고, 또 노타치가 찬찬히의 입장이라면 오늘 하루쯤은 빼길 것도 같은데 찬찬히는 그러지 않았다. 노타치는 그런 찬찬히의 성격이 비결일지도 모른다는 생각을 하면서 다시 문자를 보냈다.

'아니, 그냥 술 한잔 했으면 해서……. 내일 저녁 식사나 같이 하는 게 어때?'

'좋아. 우리가 늘 가던 호프집에서 퇴근 후에 만나도록 하지.'

노타치는 그날 참 많은 생각을 했다. 아내가 다소 걱정스럽다는 표정으로 바라볼 정도로, 그는 수심 가득한 얼굴로 이런

저런 생각을 했다. 그러고는 새벽녘에야 겨우 잠이 들었다.

개미 굴뚝

 노타치는 또 꿈을 꾸었다. 꿈속에서 노타치는 아프리카 콩고의 오카방고 델타 지역에 사는 흰개미 집단의 여왕개미가 되어 있었다. 노타치는 호르몬을 흘려 수백만 마리나 되는 개미들에게 빨리 개미 굴뚝을 지을 것을 지시했다.

 노타치의 생각에 장마보다 더한 비가 내리는 우기雨期가 시작되기 전에 개미 굴뚝을 지어야만 했다. 그래야 자신도 살아남고, 자신이 낳은 알들도 살아남고, 개미들도 모두 살아남을 수 있다고 보았다. 또 개미 굴뚝을 지어야 비가 많이 내릴 때에도 환기를 할 수 있고, 우기 직전에 있을 열풍으로부터 개미 동굴을 지켜줄 것이기 때문이었다. 그래서 노타치는 부지런히 호르몬을 개미 동굴에 풍겨 내었다. 호르몬은 '하루빨리 개미굴을 높게 지으라'는 정보를 모든 개미 동굴 이곳저곳으로 옮겼다.

호르몬을 감지한 개미들은 여왕개미가 된 노타치의 지시에 절대적으로 복종했다. 많은 개미들이 밖으로 나가 서둘러 개미 굴뚝을 쌓기 시작했다. 한 개미가 진흙을 개어 동굴 입구 곁에 두면, 또 다른 개미가 진흙을 개어 그 위에 쌓았다. 그러면서 점점 굴뚝 모양이 갖춰지고, 점점 높아졌다.

다만, 노타치가 빨리 굴뚝을 쌓을 것을 지시했기 때문에 개미들은 전과 다르게 굴뚝을 쌓았다. 원래는 개미 굴뚝을 이루는 진흙을 지푸라기 같은 풀과 함께 개미의 침으로 개고는 했다. 그래야만 굴뚝이 튼튼해지고 웬만큼 큰 빗방울이 오랫동안 떨어져도 굴뚝이 무너지지 않는다. 그러나 개미들은 그저 진흙만으로 빨리 굴뚝을 쌓기만 했다. 과연 우기가 시작되고 장대로 때리듯이 빗방울이 세차게 몰아 내리자, 개미 굴뚝의 한쪽 귀퉁이가 허물어지더니, 이내 굴뚝이 모두 무너지고 말았다.

노타치가 서둘러 호르몬을 풍겨서 '동굴 입구를 막으라'는 지시를 내림으로써 홍수에 동굴 전부가 쓸려가는 것은 겨우 막을 수 있었지만, 동굴의 하부 중에 상당 부분이 물에 잠기는 일마저 막을 수는 없었다. 덕분에 많은 개미들이 익사했다.

노타치의 굴뚝이 무너지고 나서 노타치는 어느새 찬찬히가 여왕개미로 있는 개미 제국의 일꾼개미가 되어 있었다. 찬찬히는 '개미 굴뚝을 제대로 쌓으라'는 정보가 담긴 호르몬을 끊임없이 풍겨 내었다. 노타치는 자신이 억제할 수 없는 본능에 이끌려 그 지시에 따라 행동하였다. 노타치는 본능에 새겨진 그대로 진흙과 풀을 섞어 자신의 침을 발라 이겼다. 그러고는 그것을 물어다가 다른 개미들이 쌓아 놓은 굴뚝에 덧붙였다. 특히 틈새가 있는 부분을 찾아 덧붙이는데 힘썼다. 모든 개미들이 노타치처럼 행동했다.

일꾼개미들이 하는 일이라고는 단 두 가지에 불과했다. 진흙과 풀을 침으로 개어서 알갱이를 만드는 것과 그 알갱이를 개미 굴뚝으로 옮겨 덧붙이는 것뿐이었다. 하지만 모든 개미들이 그 두 가지 행동에 충실하자, 개미 굴뚝은 신기하게도 모양을 갖추어 갔고, 튼튼하게 지어졌다.

우기 직전의 맹렬한 더위 속에 개미 굴뚝이 빠르게 마르며 더욱 굳어졌다. 굴뚝은 개미 동굴에서 나오는 열기를 잘 배출해 내었고, 또 끊임없이 땅 밑에 있는 개미 동굴로 신선한 공기들을 공급하였다.

마침내 우기가 시작되었을 때에 굵은 빗방울이 며칠 동안이나 엄청나게 쏟아졌지만, 굴뚝의 일부만 허물어졌을 뿐 굴뚝 전체는 크게 훼손되지 않았다. 그 덕분에 안전하게 살 수 있게 된 찬찬히의 개미 집단은 크게 번성했고, 분가를 해야 될 상황이 되었다. 개미들은 몇 개의 개미 알을 골라 2대 여왕들로 키워냈고, 여왕들을 따라서 개미들의 일부가 분가했다. 그런 식으로 찬찬히의 개미 제국은 점점 그 영역을 넓혀 나갔다.

"참, 신기한 꿈을 연속해서 꾸는 구나."

노타치가 생각하기에도 신기한 꿈이었다. 비슷한 꿈들을 벌써 몇 번째나 꾸는 것이었다. 개미 굴뚝에 관한 꿈도 어쩌면 피라미드에 관한 꿈과 비슷한 주제를 담고 있는지도 모른다고 생각했다. 노타치는 꿈의 의미를 생각해 보려고 하였다. 그러나 쉽게 의미를 알기는 어려웠다.

그렇게 개미 굴뚝에 관한 꿈을 꾼 날, 노타치는 하루 종일 꿈을 생각하며 일을 했다. 찬찬히가 꿈에 나타났으니, 찬찬히에게서 어떤 해석을 얻어낼 수 있을지도 모른다는 생각도 했다. 찬찬히와 저녁 식사 약속을 잡아 놓기를 잘했다는 생각이었다. 그는 찬찬히에게 메신저를 통해서 다시 한 번 식사 약속을 확인했다.

"오늘 저녁 식사 약속 잊지 않았지?"

"그래. 퇴근 시간에 같이 나가지."

"좋아. 알고 싶은 것이 너무 많아."

"뭐가 그렇게 알고 싶어?"

"그냥, 이것저것……."

퇴근 시간이 되자 노타치가 먼저 조용히 자리에서 일어나 나왔다. 찬찬히 또한 노타치를 따라 조용히 퇴근했다. 둘은 약속한 장소로 가기 위해 길을 서둘렀다. 그때였다. 그들이 횡단보도를 건너려고 하는 데도 불구하고, 차들이 서지 않고 계속 지나만 갔다. 노타치가 화를 냈다.

"나도 운전하지만 말이야. 정말 너무하네. 원래 횡단보도는 보행자가 우선 아닌가? 어쩔 수 없이 못 서는 경우는 이해할 수 있다고 하더라도, 뻔히 저렇게 사람이 서 있는 걸 보면서 절대로 양보하지를 않네."

그러자 찬찬히가 맞장구를 쳤다.

"이제야 새삼스럽게 안 것도 아니고, 원래 그렇잖아. 문화 지체 현상이랄까? 도구는 발달했는데, 그 도구를 제대로 쓸 만한 마음 자세나 지적 수준 아니면 문화 수준이 아직 오르지 못한 거겠지."

"쳇, 정말. 내가 운전할 때는 몰랐는데, 이렇게 걸어보니 보행자들의 마음을 알겠군. 나부터라도 조심해야겠어."

"그러니까 말이야. 사람들이 저마다 기본만 지켜 줘도 좋은데, 그러지 않으니까 말이지."

바로 그때 노타치의 마음에 '기본'이라는 낱말이 파고들었다.

'기본? 그래 기본을 지켜야겠지. 꿈속에서처럼 개미 굴뚝을 제대로 쌓으려면 기본을 지켜야 해. 여왕개미도 기본을 지키는 명령을 내려야 하고, 개미들도 저마다 기본을 지켜서 진흙을 개어야 하겠지. 그렇구나. 기본만 지켜 줘도 사회가 튼튼히 설 텐데. 어쩌면 우리 개발 2팀이 기본을 지키지 않아서 지금처럼 무너졌는지도 몰라. 이 친구는 기본을 지켜서, 그리고 개발 1팀원들이 기본을 지키게 해서 좋은 성과를 거뒀는지도 모르지.'

노타치가 이렇게 생각하며 걷는 동안에 어느새 호프집에 다다라 있었다. 그들은 늘 하던 것과는 달리 이번에는 바가 아닌 식탁에 앉았다. 그러고는 식사를 주문했다. 조용히 식사를 마치고 노타치가 자신이 꾼 꿈에 관한 이야기를 했다.

"내가 어젯밤, 아니 오늘 새벽이겠구나. 신기한 꿈을 꿨는데 말이야. 사실 요새 나는 꿈을 좀 많이 꿔. 생각이 많아서 그런가봐. 어쨌든 좀 이상한 꿈이었어."

이렇게 말머리를 꺼낸 노타치가 꿈 이야기를 찬찬히에게

들려주었다. 그러고 나서는 혹시 그 꿈이 기본을 세우는 것에 관한 꿈은 아닐까라고 조심스럽게 자신의 의견을 꺼내 보려 하였다.

"그래서 말인데……."

그때였다. 노타치가 그다지 좋아하지 않는 실장이 다시 그들 앞에 나타났다. 그런데 실장은 들고 오던 물 컵을 놓치고 말았다. 물이 흘러 노타치의 옷을 적셨다. 노타치가 일어나 불같이 화를 내려고 했다.

"아니, 뭐, 이런!"

노타치의 불같은 성격이 터지려고 하려는 찰나에, 찬찬히가 노타치의 팔을 잡아 다시 앉히면서 외쳤다.

"기본!"

그 밑에 노타치는 맥없이 다시 앉았다. 거부할 수 없는 명령 같아 보였다. 마치 여왕개미가 흘리는 호르몬처럼, 그 호르몬이 개미의 본능을 자극해 거부할 수 없이 일을 하게 하는 것처럼, 찬찬히의 말 한 마디가 노타치의 본능 속에 숨어 있던 어떤 행동을 자극했다. 그 행동은 참는 것이었다. 노타치가 다시 자리에 앉자 실장이 연신 사과하며, 고의가 아니었노라, 다시는 이런 일이 없도록 주의하겠노라 하였다. 그러면서 이내 주방으로 도망가더니 사과의 뜻으로 드리는 것이라며 과일을 가져다 식탁 위에 두었다. 찬찬히가 고맙다고 하였지만, 노타치는 분을 가라앉히지 못하고 고개를 돌려 외면하였다. 찬찬히는 더 이상 노타치의 분을 식힐 수 없는 상황이라고 생각하고는 노타치를 이끌어 다른 곳으로 갔다.

"이봐, 노타치. 아직도 분이 안 풀렸어?"

"한두 번이 아니야. 일부러 나에게 화풀이를 하는 것 같아 보여. 그 실장이 말이야."

"설마, 그랬겠어?"

"아니야. 확실해. 그렇다고 쥐어 팰 수도 없고."

"이야, 내 친구 입에서 그런 말도 나오다니 의외인 걸?"

"지금 마음 같아서는 정말 화풀이를 하고 싶다니까."

"그래? 그럼 개미 굴뚝이 제대로 세워질까?"

"무슨 소리야?"

"자네 인생의 개미 굴뚝이 제대로 세워지겠냐고. 자네가 얘기했잖아. 개미 굴뚝에 관한 꿈 말이야. 자네 인생의 환기 통로가 되고, 비를 막아 주는 개미 굴뚝이 제대로 세워지겠냐고."

찬찬히의 말에 노타치는 침묵했다. 그러고는 한참을 생각했다. 그러고 나서 다시 물어보았다.

"그게 네 비결이야?"

"어?"

"그게 찬 부장이 잘되는 비결이냐고."

"무슨 소리야?"

노타치는 찬찬히를 뚫어져라 보았다. 찬찬히가 당황스러워했다.

"나는 말이야. 늘 내가 너보다 잘난 놈이라고 생각했어. 그런데 잘 나가다가도 시간이 지나면 어느새 너는 나보다 앞서 있어. 아니 정확히 말하면 내가 뒤처졌다고 말해야겠지. 나는 그 이유를 몰랐어. 그런데 꿈을 꾸고 나서 오늘 네가 하는 말을 듣고 보니 그 이유를 알 것 같아."

"그래? 그게 뭔데? 나도 궁금하네."

"자네는 참 기본에 충실해."

"어떤 면에서?"

"그냥 모든 면에서. 학교 다닐 때도 그랬고, 자기 계발에도 그렇고, 조직을 이끌 때도 그렇고, 인간관계도 그렇고, 오늘같이 화나는 상황에서마저도 기본에 충실하려고 애를 써. 자네 부서를 향해서는 여왕개미처럼 기본에 충실하라고 하는 호르몬을 풍기고, 밖에 나와서는 일꾼개미처럼 자신의 역할에서 기본에 충실하려고 하는 것 같아."

찬찬히는 자신을 분석하듯이 말하는 노타치의 말에 수긍이

가는 면이 없잖아 있었다. 사실 찬찬히의 신조 중에 하나가 '기본에 충실하자'는 것이었다. 그는 그 신조를 지키려고 매사에 자신에게 물어보고는 했다. '지금 이 상황에서 내가 지켜야 할 기본은 무엇인가?'라고. 그러면 양심이 지켜야 할 기본이 무엇인지를 알려주고는 했다.

노타치가 불붙듯 화를 내려 할 때에, 자신이 섣불리 개입해서는 안 된다는 생각도 들었다. 자신이 엉뚱한 일에 말려들 수도 있는 상황이었다. 하지만 그는 순간적으로 양심에 물었다. '지금 이 상황에서 내가 지켜야 할 기초적이고 근본적인 행동은 무엇인가?'라고. 그러자 양심은 '화를 누그러뜨려라' 그리고 '상황을 진정시키라'고 대답해 주었다. 찬찬히는 양심이 일러주는 대로 행동했다. 그래서 노타치를 끌고 호프집에서 나온 것이었다. 덕분에 노타치와 실장의 싸움을 방지할 수 있었다. 그것뿐이었다. 찬찬히에게 어떤 비결이 있는 것은 아니었다.

노타치가 앱을 개발해 성공하겠다고 회사를 뛰쳐나갔을 때에, 찬찬히는 지금 그런 상황에서 '노타치가 아닌 바로 자신이 지켜야 할 기본이 무엇이냐?'고 양심에 물었다. 양심은 '아직 회사에 충실할 때다'라고 알려왔다. 찬찬히는 그렇게 했다. 그리고 다양한 상황 속에서 찬찬히는 언제나 양심에, 현명한 사람들에게, 경험 많은 사람들에게, 책 속에 담긴 지혜에 자신이 처한 상황에서 지켜야 할 기본이 무엇인가를 물었다. 지켜야 할 기본이 서로 충돌할 때에는 더 근본적으로 지켜야 할 것을 찾아 그것을 지켰다.

"살다보면 지켜야 할 것들이 모순될 때가 있었어. 그럴 때면 나는 더 기초적이고 근본적으로 지켜야 할 것을 찾았지. 왜 물리 법칙도 그렇잖아. 피상적인 면에서는 서로 충돌하고 모순된 것처럼 보이는 법칙이 더 근본적인 데서는 하나의 공식으로 표현할 수도 있잖아. 나는 그렇게 모순되는 해결책이 있는 경우에는 더 기초적이고 근본적인 해법을 찾으려고 애를 썼지."

개발 이사가 어떻게 하면 프로그래머들이 이직하지 않을 수 있게 하겠느냐고 물어왔을 때에도 찬찬히는 기본에 충실한 회사를 만들자는 말만 하였다. 사장은 사장대로, 이사진은 이사진대로, 간부는 간부대로, 평직원은 평직원대로 각자의 기본에 충실하자고 했다. 또 조직은 조직대로 지켜야 할 기본이 있을 것이고, 그것을 지키자고 하였다. 면담을 통해서 몇 번이나 그 이야기를 반복했다.

프로그램을 개발할 때에는 프로그래머들의 기초 역량을 키우는 데에 주력한 것도, 그것이 프로그래머의 기본이라는 생각이었기 때문이었다. 또 많은 아이디어를 먼저 만들고자 한 것도 그것이 전체 공정에서 바라봤을 때에는 기본이 되는 것이라고 생각했기 때문이었다. 그렇게 찬찬히는 모든 상황에서, 모든 역할에서 그때그때 기본이 되는 것들에 충실하고자 애를 썼을 뿐이다.

"오늘 새삼 돌이켜 보니 정말 나에게 그런 면이 있었네."

찬찬히는 자신도 몰랐던 자신의 한 면을 발견해 준 노타치가 고마웠다.

"그래, 사실 그저 기본에 충실하려고 하는 것일 뿐이야. 삶의 기본, 인간관계의 기본, 내 직위에서의 기본, 나와 함께 일하는 동료들에게 내가 지켜 주어야 할 기본, 내가 맡고 있는 일에서 가장 기본적인 것들, 그런 것들에 충실하려고 했을 뿐이야. 그런데 그런 선택들이 나를 좋은 방향으로 이끌어 준 것도 같아."

찬찬히의 말에 노타치는 수긍하며, 자신이 기대한 답이었다는 듯이 고개를 크게 끄덕였다. 그러고는 말을 이었다.

"그래, 그렇지. 내 꿈이 맞았어. 찬 부장은 자신도 기본에 충실하고, 남도 기본에 충실하게 하고 있어. 그것이 마치 찬 부장의 습관처럼 보여. 늘 기본이 무엇인가를 묻고 선택하니까, 늘 기본에 충실한 습관을 지니게 되는 것 같아. 작은 선택들이 모여서 습관을 만든다고나 할까? 마치 개미 한 마리는 그저 진흙을 개어 얹을 뿐이지만, 많은 개미들이 그런 단순한 행위를 함으로써 높은 개미 굴뚝이 만들어지는 것처럼 말이야."

여기까지 말한 노타치는 갑자기 재테크에 관한 서적들이 생각났다. 백만장자를 연구한 결과를 실은 책이나, 부자들의 행태를 연구한 책들에서 말하는 것은 언제나 기본에 충실한 삶이었다. 남들보다 더 부지런하게 일해서 평균보다 높은 소득을 얻고, 검약으로 평균보다 덜 소비하고, 남는 돈을 저축하고 재투자해서 복리複利로 천천히 불려나가는 습관이 백만장자들의 공통적인 습관이었고, 그 습관 속에는 근면, 창의, 검약, 저축, 절제, 공부와 같은 기본적인 미덕들이 자리 잡고 있었다. 그런 미덕들을 다양한 상황 속에서 선택함으로써 습관을 만들고, 그런 습관이 그들을 자연스럽게 백만장자의 지위로 올려주었다는 생각이 들었다.

또 행복한 사람들은 늘 사랑이라는 기본적인 미덕을 실천하는 사람들이라는 생각도 들었다. 그들은 모든 인간관계에서 자신의 양심에 '내가 지켜야 할 기본은 무엇인가?'를 묻고, 그 기본, 다시 말해서 가장 기초적이고 근본적인 해답으로 양심이 '사랑'이라고 답해 주었을 것만 같았다.

"그래, 그렇군. 그거였어."

노타치는 다시 한 번 놀랐다. 자신이 그렇게까지 깊이 생각할 줄은 몰랐다. 노타치는 조심스럽게 자신의 생각이 맞는지 타진해달라고 찬찬히에게 부탁했다. 하지만 찬찬히의 대답은 뜻밖이었다.

"나는 그렇게까지 깊이 생각해 본 적은 없고, 그저 기본에 충실한 삶을 살려고, 그러니까 기본을 실천하려고 애쓸 뿐이야. 그리고 아무리 그런 생각을 하면 뭘 해. 그리고 그렇다고 믿기만 하면 뭘 해. 실천해야 효과가 있는 거지."

다음 날, 회사에 출근한 두 사람이 다른 직원들에게는 무엇인가 달라 보였다. 노타치는 찬찬히를 주시하는 듯이 보였고, 찬찬히는 노타치의 주시에 다소 신경을 쓰는 모양새였다. 두 사람 사이에 약간의 긴장이 감돌고 있음을 느낀 것은 개발부 직원들이었다. 그리고 며칠 후였다.

"영전을 축하드립니다."

"와, 이사님이시네요, 이제?"

"축하드려요."

새 발령장이 찬찬히에게 주어졌다. 최고 기술 담당 이사. 흔히 '시티오 CTO; Chief Technology Officer'라고 불리는 직책이었다. 이제 찬찬히가 개발부뿐만 아니라, 개발과 관련된 모든 부서를 총괄할 수 있게 되었다. 그것은 그만큼 회사가 찬찬히의 역량에 기대한다는 것이었다.

노타치는 배가 아팠다. 거부할 수 없는 본능처럼 질투가 일었다. 그러나 이전의 노타치가 아니었다. 노타치는 조용히 자신의 양심에 물었다.

'지금 바로 이 상황에서 내가 지켜야 할 기본은 무엇인가?'

그러자 양심은 '질투하지 않기' '축하해 주기' '오히려 닮아 가기'라고 대답해 주었다. 양심은 마음속에 그렇게 하는 것이 옳다는 생각이 떠오르게 함으로써 대답해 주었다. 노타치는 자신의 본능을 억누르고 찬찬히에게 다가갔다.

"찬 이사님, 축하드립니다. 이제 경쟁자가 아니라 제 상사이시네요."

평소와 다른 노타치의 모습에 직원들이 의아한 표정을 지어 보였다. 노타치라고 해서 자신의 모습이 생경하지 않은 것은 아니었다. 하지만 노타치는 이제 진흙 하나를 동굴 입구에 가져다 놓은 것이라고 생각했다. 아직 직원들이 개미 굴뚝을 보지 못하지만, 자신도 언젠가는 개미 굴뚝을 쌓을 수 있을 것이라고 생각했다. 그때가 되면 모든 직원들도 개미 굴뚝이 세워진, 다시 말해서 기본에 충실한 선택이 쌓여서 좋은 습관, 좋은 성품이 형성된 자신의 모습을 생경해 하지 않을 것이라는 생각이었다. 그래서 부끄럽지만 다시 한 번 축하의 말을 건넸다.

"찬 이사님, 진심입니다. 그리고 저도 찬 이사님께 배우겠습니다."

노타치의 말에 여기저기서 박수 소리가 터져 나왔다. 어떤 직원들은 농담도 건넸다.

"이제 곧 또 한 명의 이사님이 탄생하시겠네요."

"보기 좋습니다."

"멋져요."

그날 이후 노타치는 찬찬히와 자주 면담하였다. 특히 자신이 특정한 상황에서 지켜야 할 기본이 무엇인지를 스스로에게 묻고, 또 찬찬히에게도 검증을 받았다. 그런 노타치의 모습에 직원들도 다소 안심하였다. 일관성 있고 원칙에 맞는 노타치의 행동이 마치 피라미드의 밑변처럼 직원들을 든든하게 지지해 주었다.

그러나 업무 성과가 뛰어나게 좋아진 것은 아니었다. 노타치는 왜 찬 이사처럼 행동하려 애쓰지만 찬 이사와 달리 업무 성과가 좋아지지 않는지 의아스러웠다. 직원들의 생산성도 찬 이사 시절만큼 나오지도 않았다. 노타치는 고민을 또 하나 안은 셈이었다.

제방

꿈이었다. 노타치는 벌써 몇 번째 꿈을 꾸는지 모른다. 생각이 많아서일 거라고 생각했다. 하지만 신기하게도 자신의 고민에 딱 맞는 꿈을 여러 번 꾼 것이었다. 노디치는 이제 꿈을 잘 기억할 수 있었다. 꿈을 생생하게 기억하기로 마음먹었기 때문인 것 같았다.

이번에 꾼 꿈도 무엇인가를 쌓는 꿈이었다. 피라미드를 쌓는 꿈, 개미 굴뚝을 세우는 꿈에 이어서 이번에는 홍수 방지용 제방을 쌓는 꿈이었다.

노타치는 꿈속에서 찬찬히의 지시를 받아서 넓은 논에 모를 가득 심었다. 모들은 유월과 칠월의 따가운 햇살을 받아무럭무럭 자랐다. 그러나 문제가 있었다. 그들의 논이 강 옆 저지대에 있었다. 게다가 가끔 홍수가 나는 곳이었다.

노타치는 얼른 굴삭기를 동원해서 강바닥의 모래를 파내고는 그것으로 제방을 쌓았다. 그렇게 하면 강의 수심도 깊어져서 이중의 효과가 있을 것이라고 생각했다. 그리고 그해 엄청난 홍수가 일어났다. 거대한 흙탕물이 제방을 거의 채우고, 마침내 제방 위로 흘러넘쳤다. 그러자 순식간에 제방이 무너져 버렸다. 모래로 만든 제방은 물이 흘러넘치는 순간에 쉽게 무너진다는 것을 노타치는 생각하지 못했다. 그래서 실수를 하고만 것이다. 노타치의 논은 흙탕물로 뒤범벅이 되고 그해 농사를 망쳤다.

다음 해였다. 이번에도 노타치는 제방을 쌓기로 하였다. 그런데 찬찬히가 다가와 무엇인가 지시를 했다. 노타치는 찬찬히의 지시를 직감적으로 알아들었다. 노타치는 다소 비용과 시간이 들더라도 돌을 캐내어 제방을 쌓기로 했다. 가까운 돌산으로 갔다. 중장비를 동원해서 돌을 떼어 냈다. 그것으로 제방을 쌓았다. 홍수가 났지만 제방은 그대로였다. 물이 넘쳤지만 논을 망치지는 않았다. 그다음 해에 홍수가 났을 때에도, 또 그다음에 홍수가 났을 때에도 제방이 무너지지 않았다. 제방은 그렇게 수십 년을 무너지지 않은 채로 서 있었다.

덕분에 해마다 농사를 지을 때에 홍수 걱정을 하지 않아도 되었다.

"또 꿈을 꾸었군."

노타치는 이번 꿈도 자신의 고민에 대한 적절한 해법을 보여 주는 것이리라 생각하였다. 꿈은 무의식에 있는 관념들을 활용해서, 고민하고 있는 문제에 대한 가장 근사한 해법을 영화처럼 보여 주고는 한다. 노타치는 벌써 그것을 몇 번이나 경험했다.

"이번에 꾼 꿈은 또 어떤 해법을 담고 있을까?"

꿈이 해법을 직설적으로 말해 주는 것이 아니고, 늘 상징과 비유를 동원하기 때문에 처음부터 해법을 완전히 깨닫는 경우는 드물었다. 생활 속에서 그 해법을 찾아야 했다. 노타치는 언젠가 해법이 나타나리라고 생각했다. 그리고 그 해법은 얼마 지나지 않아 나타났다. 노타치가 해법을 찾은 것은 위기 상황에서였다. 노타치가 개발 부장이 된 뒤로 처음 오는 위기였다.

위기는 때때로 진보 때문에 일어나기도 한다. 찬찬히 최고 기술 이사의 노력으로 증강 현실 기술이 개발되었다. 현실에 정보 통신 기술을 접목하여, 일반적으로는 알기 어려운 정보까지 인식할 수 있게 해주는 기술이었다. 예를 들어 휴대 전화를 들고 거리를 비추면, 그 거리에서 추천 음식점이라든가, 음식점에 대한 평가라든가 하는 것이 바로바로 화면에 나타나게 하는 기술이었다. 심지어 관공서를 비추면 관공서의 부서별 전화번호까지 한 번에 알 수 있었다.

"노 부장님, 이번에는 이 기술로 한번 밀어 봅시다."

찬찬히가 밖에서와는 다르게 노타치에게 존댓말을 쓰면서 지시를 내렸다. 어느덧 개발 부장이 된 노타치도 이제는 그런 어투를 자연스럽게 받아들였다. 비록 친구이고, 입사 동기이기는 하지만 찬 이사는 회사에서만큼은 반드시 직함으로 부르고, 존댓말을 써 주었다. 그 점은 노타치도 마찬가지였다.

"알겠습니다, 찬 이사님. 그런데 이 기술을 구현하는 일이 쉽지는 않아 보입니다."

"물론, 그렇겠지요. 하지만 기술적 기반은 신기술 팀에서 이미 다 마련해 놓았으니, 그것을 제대로 구현해 내기만 하면 됩니다. 문제는……."

"문제는요?"

"문제는 과연 우리 개발부 직원들의 역량이 그런 기술 문서를 이해할 수준이 되는가 하는 것입니다. 사실 삼차원 입체 영상 기술과 관련된 다양한 수학적 수식들로 얽혀 있는 기술인데, 이 수식들을 제대로 이해할 수 있을지. 그리고 그 수식들을 구현해 놓은 기반 프로그램들, 그러니까 라이브러리들을 이해할 수 있을지 의문입니다. 그것을 잘 이용해야 할 텐데요."

"한번 해보겠습니다. 그런데 언제까지 구현해 내야 합니까?"

"여섯 달입니다. 아마도 어쩌면 이미 다른 기업에서 개발에 착수했을지도 모르겠습니다. 하지만 우리의 기술은 좀 남달라서 게임에도 적용할 수 있으니까 충분히 시장성은 있어 보입니다. 증강 현실 게임 말입니다. 우리가 기존에 만들어 둔 게임에 증강 현실을 적용하면 다른 기업들도 섣불리 우리를 쫓아오지는 못할 것입니다. 그리고 마케팅 부서의 이야기에 따르면 충분히 시장성도 있다고 하고, 소비자들에 대한 예비 수요 조사에서도 충분히 좋은 반응이 나왔다고 하더군요."

"알겠습니다. 한번 해보겠습니다."

노타치는 나름대로 자신감을 가졌다. 든든한 찬 이사가 후원자로 있고, 또 자신도 어느 정도 개발 업무 관리 능력이 있다고 믿었다. 개발부 직원들도 많은 경험을 가진 사람들이었다.

그러나 현실은 그렇지 않았다. 한 달, 두 달이 지나도록 일이 전혀 진척이 되지 않았다. 간단한 게임, 기껏해야 석 달 정도 안에 다 만들어낼 수 있는 게임만 개발해 보던 직원들이었다. 하나의 게임을 개발하는 데에는 다섯 명, 많게는 열 명 정도만 투입되면 충분하곤 했었다. 그런데 증강 현실 게임 개발의 상황이 이전과 달랐다. 모든 개발부 직원들이 모두 투입되었다. 개발부 직원 수십 명이 모두 투입되다보니 여러 가지 문제가 발생했다. 각 팀을 맡고 있는 팀장들의 하소연이 부장인 노타치의 사내용 메신저를 통해서 끊임없이 들어왔다.

"2팀장입니다. 1팀과 일정 조정이 필요합니다."

"1팀장입니다. 2팀이 왜 그런 식으로 일하는지 모르겠습니다."

노타치도 이제는 짜증이 났다. 노타치가 회의를 소집했다. 하지만 회의조차도 중구난방이었다. 저마다 생각나는 대로 주장을 하고, 남의 말을 가로막기도 하고, 아예 침묵으로 일관하는 사람도 있었다. 노타치는 너무 화가 나서 큰 소리로 외쳤다.

"도대체, 기본들이 안 되어 있구먼!"

그 순간 아차 싶었다. 자신도 회의 주관자로서의 기본을 지키지 않은 채, 지금 화를 내고 있는 것이 아닌가? 노타치는 다시 의자에 앉아 손가락을 입에 대고 침묵했다. 부장의 손짓에 시끌벅적하던 회의장이 일순간에 조용해졌다. 노타치가 일어났다. 그러고는 잠시 자신의 양심에 대고 물었다. '지금

이 순간에 내가 지켜야 할 기본은 무엇인가?'라고. 그러자 양심이 들려줬다. 전과 같이 마땅히 할 일이라고 생각되게 하는 것들이 있었다. 그것은 '사과하기'와 '침착한 지시'였다. 그는 침착하기로 했다. 목소리를 가다듬었다. 그러고는 말했다.

"조금 전에 소리 친 것에 대해서는 미안하게 생각합니다. 그리고 오늘은 회의를 마치는 것이 좋겠습니다. 단, 팀장들은 내가 곧 연락할 테니까 메신저를 열어 놓으세요."

노타치는 옥상 정원으로 가서 잠시 마음을 가다듬었다. 그러고는 다시 한 번 기본이 무엇인가를 생각해 내려고 힘썼다.

'지금 이 상황에서 우리 부서가 지켜야 할 기본은 무엇일까?'

그가 곰곰이 생각할 것도 없이, '의사소통'이라는 개념이 떠올랐다. 그는 또 한 번 양심을 향해 질문했다.

'의사소통 외에 지금 이 상황에서 우리 부서가 지켜야 할 기본은 무엇일까?'

그러자 '역량 증대'라는 낱말이 떠올랐다.

"그렇구나. 그래. 기본이 안 되어 있었어. 회의를 하는 역량도 모자라고, 증강 현실에 대한 기본적인 개념 교육도 안 되어 있는 상태에서 무조건 프로그램을 개발하라고 하니 될 턱이 없지 뭐야. 의사소통하는 방법조차 팀장들이 모르고 있는 거야. 그게 개발 조직의 기본 중의 기본인데 말이야. 나는 왜 그런 기본기를 세워줄 생각은 안 하고 이전처럼 성과에 급급했을까?"

노타치는 '기본을 묻는다'는 방법이 얼마나 좋은 것인지 새삼 깨달았다. 그것이 세상 사람들이 흔히 말하는 '정직'에 가까워지려는 태도라는 생각도 들었다.

노타치는 자리로 돌아와 메신저를 켰다. 그러고는 이렇게 지시를 내렸다.

"일단 모든 개발 업무를 잠시 중단하고, 기초 역량을 키우며 근본적인 해법을 찾으며, 기본적인 태도를 함양 하는 것이 좋겠습니다. 의사소통 역량, 회의 역량, 그리고 증강 현실 기술에 대한 이해와 같은 기본기부터 다시 다져 보도록 합시다. 여기에 대해서 여러분의 의견을 듣고 싶습니다."

이렇게 시작된 대화는 그날 저녁까지 이어졌다. 그리고 교육 일정, 교육 방법, 초빙 대상 강사까지 한 번에 결정이 되었다. 또 기본기를 다지기 위해서 집체 교육을 실시하는 것과 더불어서, 매일 오전 시간을 역량 증대 시간으로 따로 정하여 두기로 하였다. 오전에는 역량 증대에 힘쓰고, 오후에는 실질 업무에 힘쓰기로 하였다. 그 방식은 오래 전에 찬찬히가 사용했던 방식이기도 했다.

팀장을 대상으로 한 의사소통 교육이 끝나자, 팀장들의 불만 사항이 눈에 띄게 줄어들었다. 이제는 개발 부장을 거치지 않고서 자신들끼리 소통을 잘하는 모양이었다. 노타치는 기분이 좋았다. 현업 직원들의 생산성 또한 눈에 띄게 좋아졌다. 증강 현실 기술의 세부적인 내용을 물어오는 개발자들도 줄어들었다. 한번씩 회의를 개최할 때마다 회의 태도 또한 눈에 띄게 달라져 가고 있음이 보였다.

노타치는 '도끼날을 갈면서 나무를 자르면 나무 자르기가 더 쉽다'는 어구가 생각났다. 그러면서 바로 그런 방법을 알려준 자신의 양심의 넓이에 크게 놀랐다. 한편으로는 자신이 돌로 제방을 쌓기 시작했다는 것도 깨달았다. 모래알 같던 사람들이 저마다 든든한 돌이 되어갔다. 그리고 그 돌들은 서로서로 연락을 취하면서 견고하게 스스로를 묶어 내었다.

"이제 홍수가 일어나도 걱정이 없겠어."

노타치는 다소 안심하며 그 사항을 찬찬히에게 보고했다. 찬찬히는 기대하고 있었다는 듯이, 호프집에서 이렇게 말했다.

"내 기대가 어긋나지 않았어. 사실 조금 불안하기도 했지. 하지만 내가 간섭하지 않아도 잘할 거라고 믿었어. 자네는 기본을 지켜야 한다는 것, 기본기에 충실해야 한다는 것을 아니까 말이야."

노타치는 찬찬히의 말에 조용히 고개를 끄덕이기만 했다.

얼마 안 있어 노타치는 증강 현실 프로그램들이 예정된 일정에 맞추어 개발 완료되었음을 보고받았다. 그 프로그램들은 꽤나 비싼 가격에도 불구하고 대단한 호평을 받으며 잘 팔렸다. 증강 현실을 사용해서 현실에 대한 추가 정보를 제공하는 프로그램, 증강 현실을 이용한 게임들이 모두 잘 팔렸다. 공로를 인정받아 노타치는 개발 담당 이사로 승진을 했다. 그리고 회사의 주식을 일부 소유하게 되었다.

그러면서 예전의 개발 담당 이사가 했던 고민을 이제는 노타치가 하게 되었다. 그것은 인력 관리의 문제였다. 개발 부장으로 있으면서 그저 프로그램 개발에만 집중할 때에는 잘 몰랐는데, 이사급이 되어서 자원의 배분에 힘쓰다보니 인력 문제가 여간 골치 아픈 것이 아니었다. 여진히 회시를 떠나 빨리 독립하려는 사람들이 나타났고, 그런 사람들은 대개가, 노타치가 한때 그랬던 것처럼, 대박이 나는 프로그램을 몰래 만들려고 했고, 그러다가 대박이 나면 여지없이 회사를 나가 자신만의 회사를 차리기를 원했다. 노타치는 그들을 어떻게 설득해야 할 것인가를 고민하지 않을 수 없었다.

버스

 노타치의 꿈은 마치 무엇인가를 예지해 주는 듯했다. 하지만 그것은 예지라기보다는 노타치가 당면한 문제에 대한 적절한 해법이었다. 그리고 꿈은 그런 해법을 여러 가지 상징을 동원해서 보여 주었다. 꿈에 동원된 상징들은 모두가 다 노타치의 경험 속에 녹아 있던 것들이었다. 마치 노타치의 경험을 소재로 삼아서 적절한 이야기를 만들고 그것을 생생한 영상으로 보여 주는 것과 같았다. 노타치는 꿈을 꿀수록 자신의 꿈이 바로 그러한 해법에 가깝다는 것을 알았다.

 이번에 그가 꾼 꿈은 버스 운전사에 관한 것이었다. 그가 아끼는 직원 한 명이 버스를 샀다. 대형 버스였다. 직원은 기분 좋게 여러 사람들을 버스에 태웠다. 사람들은 다소 걱정하는 듯이 보였지만, 버스가 크고 안락해 보였기 때문인지 버스에 오르기를 주저하지 않았다. 이내 직원도 버스에 올라타서 버스를 운전하였다. 그러나 직원은 버스를 운전할 만한 기능도 자격도 없었다. 버스가 곧 주차장에서 좌충우돌하였다. 그러다가 겨우 도로로 접어드는 듯했지만, 얼마 안 있어 낭떠러지 밑으로 굴러떨어지고 말았다.

노타치는 다소 불길한 꿈을 꾼 것이 못내 마음에 걸렸다. 아침을 먹는 둥, 마는 둥으로 회사에 출근하였다. 출근하자마자 한 직원이 면담을 신청해 왔다. 노타치가 평소에 아끼던 직원이었다. 그는 개발 부장과 함께 들어왔다.

"저기, 이사님."

"어? 왜 그래, 배 팀장."

배 팀장은 노타치의 학교 후배이자 고향 후배이기도 하였다. 그러나 그런 인연 때문에 그를 아끼는 것은 아니었다. 능력이 뛰어났다. 무슨 일이든 맡기면 거의 정확히 일정에 맞추어 일을 끝냈다. 그것도 다시 돌아볼 필요가 없을 정도로 깔끔하게 일을 마무리하고는 했다. 그래서 그는 특별히 배 팀장을 아꼈다.

"다름이 아니라……."

그러면서 배 팀장이 가슴 주머니에서 무엇인가를 꺼냈다. 흰 봉투였다. 노타치는 그것이 사직서임을 직감했다. 과연 노타치가 받아 든 흰 봉투의 한 면에는 한자로 사직서라는 글씨가 곱게 씌어 있었다.

"이게 뭔가?"

노타치는 일부러 다시 되물었다. 분위기를 부드럽게 하기 위해서였다.

"저, 제 회사를 하나 만들어 보려고 합니다."

"자네 회사?"

"예, 이번에 부모님 덕 좀 보려고요."

"부모님 덕을? 아, 참 자네 부모님이 부자셨지?"

"부자는 아니고, 그저 그런 구멍가게 하시는 거죠."

"그긴 그렇고, 부모님 덕 봐서 뭐하게?"

"저도 제 이름을 걸고 프로그램을 만들고 싶어서요."

노타치는 살짝 웃음이 나왔다. '이 친구가 내가 걸어온 길을 걷고 싶어 하는구나'라는 생각이 들었다. 배 팀장의 마음속이 환히 보이는 듯했다. 하지만 앞날까지 알 수 있는 것은 아니었다. 자신과 다르게 배 팀장은 성공할지도 모른다는 생각이었다.

"그래서, 휴대 전화용 프로그램을 만들어 보게? 앱 말이야."

"예, 좋은 아이디어가 있어서요. 하지만 게임은 아니고, 뭔가 좀 색다른 것을 만들어 보려고 합니다."

"색다른 프로그램이라. 그거 좋지. 그러면 회사에서 만들지 그래? 성과가 좋으면 특별 수당도 받고, 진급할 수도 있을 텐데."

"예, 충분히 그럴 가능성이 있는 프로그램입니다. 그래서 더 욕심도 나고요. 그래서 이참에 제 사업을 해보려고 하는 겁니다."

"그래? 하긴 자네는 프로그래머로서 기본기에도 충실하고, 능력도 있으니 잘하면 되겠군."

"감사합니다."

"하지만……."

노타치는 말을 이으려다가 잠시 꿈을 생각해 보았다. 어쩌면 그렇게 꿈이 이런 상황들을 잘 설명하고 있을까라는 생각을 했다.

"자네는 큰 버스를 몰수도 있겠군."

"예?"

"자네는 꽤 많은 자본을 조달할 수 있으니, 처음부터 많은 인력을 데리고 큰 회사를 만들어 출발할 수도 있겠다는 생각이야."

"아, 예. 그렇잖아도 그렇게 해볼 생각입니다. 프로그램이 꽤나 복잡하거든요. 개발 인력도 많이 필요하고요."

"그래? 그다음에는?"

"그다음이라니요?"

"첫 번째 프로그램이 성공할지 안 할지는 모르겠지만, 설혹 성공한다고 치고, 그다음에는 무얼 개발할 건데?"

"그때 가서 직원들하고 아이디어를 짜내면 되겠지요."

"그래, 그렇군. 그럼 직원들을 이끌 기본기는 갖추었나? 그러니까 경영에 자신이 있냐는 말이야."

"기술자가 경영까지 잘할 수는 없겠지만, 자꾸 부딪치다 보면 되지 않겠습니까?"

"부딪치다 보면? 자네는 회사 설립에 필요한 절차가 무엇인지 알고 있니? 직원들이 불화할 때에 다독이는 법을 알아? 갑자기 자금이 부족해지면 어떻게 융통해야 할지 알아?"

"처음부터 그런 것을 잘하는 사람도 있나요?"

노타치는 여러 모양으로 설득해 보았지만, 배 팀장의 고집을 꺾기 힘들었다. 마치 얼마 전의 자신의 모습을 보는 것과 같았다. 노타치로서도 직원과 회사를 위해서 더 이상 선택할 길이 없었다. 한참을 설득한 후에 노타치는 이렇게 결론을 지었다.

"좋아, 사표를 수리하지. 그리고 윗선에도 보고하지. 대신 말이야, 자네가 버스 운전을 잘 못할 것 같으면 말이야, 언제든지 다시 회사로 돌아온다고 약속해."

"저야 어려운 상황에서라도 다시 받아들여 주신다면 고맙죠. 하지만 다시 돌아올 일이 없어야겠죠. 그게 저를 위해서도, 또 저를 믿어주신 이사님을 위해서도 바람직한 일이라고 생각합니다."

그렇게 배 팀장이 자리를 떠났다. 개발 부장은 배 팀장이 떠난 뒤에도 근심스러운 표정으로 노타치를 보았다. 그리고는 질문을 던졌다.

"이사님, 죄송합니다. 제가 붙잡았어야 하는데, 하도 완강해서 말입니다. 그나저나 저 친구, 다시 돌아올까요?"

"내일 일을 어떻게 알겠어요. 다시 돌아오지 않고 성공하면 좋겠죠. 하지만 실패할 가능성이 높아 보이기는 합니다. 자전거를 운전하기도 버거운 사람이 처음부터 버스를 운전하겠다고 나서니 말이죠. 차라리 조금 더 준비해서 버스를 운전할 만한 기능을 갖춘 후에 독립했으면 좋았을 것을……."

노타치의 예견이 맞아 떨어졌다. 얼마 안 있어 배 팀장의 회사가 자본금을 모두 소진했다는 소식이 들려왔다. 배 팀장과 함께 따라 나간 개발부 직원이 다시 복귀하면서 그 소식을 전했다. 그리고 또 얼마 안 있어 배 팀장이 많은 빚을 지게 되었다는 소식도 들려왔다. 또 다른 개발부 직원이 복귀하면서 그 소식을 안고 왔다. 그리고 또 얼마 안 있어서 배 팀장이 돌아왔다. 많이 야윈 모습과, 자신이 없어진 표정으로 돌아온 것이다. 노타치는 반갑게 맞아 주었다. 배 팀장이 다시 자신감을 회복할 때까지 많은 것을 배려해 주었다. 노타치 자신이 경험해 보았던 일이었기 때문에 그렇게 할 수 있었다.

시간이 흘러 배 팀장이 다시 회사에 융화되고 과거를 아프게 생각하지 않을 무렵에, 노타치는 배 팀장을 저녁 식사에 초대하고서는 조심스럽게 말을 건넸다.

"배 팀장, 자네나 나나 비슷한 길을 걸었는데……."

"말씀하십시오, 이사님."

"무엇을 하든지 간에 기본이라는 것이 있어. 버스를 운전하려고 하여도 기본적으로 갖추어야 할 기능이라는 것이 있고, 삶에도 지켜야 할 기본이라는 것이 있고, 심지어 프로그램을 개발할 때에도 지녀야 할 기본 역량이나 기본 태도라는 것들이 있지. 이런 것들은 자격과 같은 거야. 그리고 최소한의 안전장치이기도 하고 말이야."

"무슨 말씀을 하시는 건지 잘 압니다."

"그래서 하는 말인데 말이야. 앞으로 자네가 기본에 충실할 수 있는 방법을 배웠으면 좋겠어."

"어떻게 배우죠?"

"간단해. 어떤 상황에서든, 항상 그럴 수는 없으니까, 때때로 자신이 지켜야 할 기본, 조직이 지켜야 할 기본이 무엇인지를 양심에 묻거나, 또는 현명한 사람이나 경험이 많은 사람에게 묻는 거야. 때로는 독서하며 자문할 수도 있겠지. 또 때로는 동료들과 토론하며 기본이 무엇인지를 가려낼 수도 있을 거야. 그리고 그것을 지키면 되는 거야."

"아, 예, 정말 간단하네요. 그렇게 하겠습니다."

"단, 항상 기본을 지킬 수는 없겠지. 그럴 수 있는 사람도 드물고 말이야. 그러다 보면 문제가 점점 커지게 될 거야. 그런 상황에서 문제가 터지기 전에 얼른 다시 기본으로 돌아와야 해. 문제가 커질 때일수록 기본을 생각하고 지키라는 이야기야. 특히 위기 상황이라면 더욱 그래야 해."

"회개하라는 말씀이시군요. 그러니까 돌이켜 보아서 잘못된 점을 고치라는 말씀 아닙니까?"

"회개? 하하하. 그것도 정답이군."

"그래, 나는 회개하고 기본에 충실했더니 그때부터 잘되더군. 찬 이사님 알지?"

"예, 최고 기술 담당 이사 겸 부 사장님이신 분 말씀이시죠?"

"기본에 충실하기 전에는 내가 잘되는 것 같다가도 늘 결국에는 내가 찬 이사님보다 뒤서게 되었지. 그런데 내가 찬 이사님께 기본에 충실한 법을 배우고 나서부터는 가끔 찬 이사님보다 업적이 좋을 때가 있다니까!"

"앗, 그럼 저도?"

"뭐야, 나하고 경쟁해 보겠다는 거야?"

"뭐, 저라고 못할 것도 없지 않겠습니까?"

"좋아, 좋아. 해 보자고."

그렇게 배 팀장과의 기분 좋은 저녁 식사 자리가 이어졌다.

등불

　여기저기 성탄 축하 음악이 흘러나오는 연말이었다. 노타치는 직원들과 회식을 끝내고 오랜만에 혼자 단골 호프집을 찾았다. 아직까지 서운한 감정을 가지고 있던 실장의 모습이 보였다. 노타치는 자신을 다소 불편하게 하는 그 실장이 보이지 않았으면 좋겠다는 생각을 하고는 했다. 하지만 그것이 인간관계의 기본, 삶의 기본적인 태도에 맞지 않는 행동이라는 것도 알고 있었다. 그렇다고 하여도 감정이 이성을 쉽게 따라주지는 않았다. 그래도 오늘 만은 풀 것이라는 생각으로 호프집을 찾은 것이었다.

　노타치는 조용히 성탄 축하 음악을 들으면서 칵테일 몇 잔을 입에 갖다 대었다. 마티니, 싱가포르 슬링, 하와이안 펀치까지 저마다 다양한 맛을 내며 입을 즐겁게 해주었다. 이제 기분 좋게 말을 건넬 수도 있을 것 같았다. 그래서 마지막 한 잔을 더 주문했다. 달콤해진 입을 다시 원상 복귀시켜야 할 것 같았다. 그래서 원액에 가까운 칵테일 한 잔을 부탁했다.

"실장님, 여기 진 토닉 한 잔 부탁합니다.

노타치가 오랜만에 실장님이라는 존칭을 쓰며 부드럽게 주문을 했다. 실장도 노타치가 평소와 다른 모습을 보이는 것을 눈치챘는지 서둘러 진 토닉을 만들어 내왔다. 그러나 실장이 또 물을 엎질렀다. 서둘러 내오려고 하다가 노타치 옆의 물잔을 건드렸다.

"아니, 이 친구가? 도대체 나한테 왜 이래?"

노타치는 또 전처럼 분노가 치밀었다. 노타치가 그렇게 기본을 지키려고 애써 왔지만, 인간관계에 관해서는 아직도 굴뚝이 세워지지 않았다. 기본에 대한 선택들이 쌓여서 기본에 가까운 습관이나 품성 같은 굴뚝을 세웠어야 하지만, 업무 외적인 일로는 기본에 대한 선택을 할 기회가 적었던 것이다. 그러나 노타치도 예전의 노타치만은 아니었다. 전처럼 옆에서 찬찬히가 말려 주는 것은 아니었지만, 노타치는 분노를 참고 조용히 계산을 하고 가게를 나왔다. 그런 노타치를 실장이

미안한 표정으로 바라보았다. 노타치도 그 눈빛을 읽었다.

가게 밖으로 흰 눈이 쏟아져 내렸다. 우산을 준비하지 못한 노타치는 하얀 눈을 하염없이 맞았다. 자신의 마음 그릇이 작음에, 자신이 세워야 할 굴뚝이 아직도 많은 것에 대해 다소 소외감마저 들었다.

"흠, 자기에 대한 소외감 같은 것을 느껴보기는 또 처음이네. 나도 나 자신에 대해서 이렇게 외로울 때가 있었나? 어쩌면 실장이 또 다른 나인지도 모르겠군."

노타치는 혼자 중얼거리며 눈을 거듭 털어 내었다. 추웠다. 그리고 쓸쓸했다. 마음을 따뜻하게 해야만 할 것 같았다. 노타치는 자신이 왜 그렇게 추위를 느끼는지 알았다. 전화기를 주머니에서 꺼냈다. 전화기를 만지작거려 보았지만 도무지 용기가 나지 않았다. 양심에 의지하기로 했다. 노타치는 전과 같이 양심에 대고 '지금 내가 지켜야 할 기본이 무엇인가?'라고 물었다. 그러자 '오랜 감정의 해소를 위한 화해'라는 개념이 떠올랐다. 하지만 노타치에게는 아직도 용기라는 굴뚝이 없었다. 남의 굴뚝을 빌려야 할 형편이었다. 노타치가 다시 전화기를 꺼냈다. 그가 전화기 단추를 눌렀다. 그가 불러낸 것은 찬찬히였다.

"찬찬히, 나 좀 도와 줘."

찬찬히가 곧 호프집 앞 주차장으로 왔다. 여태 야근을 한 모양이었다. 찬찬히와 함께 다시 호프집으로 향했다. 실장은 늘 하던 것처럼 "어서 오세요."라며 큰 소리로 반갑게 맞아 주었다. 그러면서 노타치를 슬쩍 쳐다보았다. 노타치도 그런 시선을 느꼈다. 그러나 한동안 노타치는 찬찬히와만 이야기를 했다.

가게 한편에 자리한 커다란 화면 속으로 한때 대한민국의 국가 대표팀을 맡았던 감독에 관한 다큐멘터리가 상영되고 있었다. 선수들의 기초 체력 증진에 힘쓰고, 코치들이 저마다 맡은 역할의 기본에 충실하게 하고, 조직의 기본이 되는 의사소통의 향상을 위해서 선수들끼리 이름을 부르게 했다던 감독에 관한 이야기였다.

노타치와 찬찬히는 다큐멘터리를 남과 다르게 받아들였다. 그것은 곧 감독의 이야기이기도 하고, 자신들의 이야기이기도 하였다. 그리고 이제 노타치가 그 이야기를 완성할 순서였다. 노타치가 조용히 식탁에서 일어나 바 쪽으로 향했다. 그러고는 실장을 향해 조용히 말을 건넸다.

"실장님, 아까는 미안했습니다. 제가 그렇게 큰 소리로 화를 내는 게 아니었는데……."

그러자 실장의 표정이 밝아지면서 오히려 거듭 사과했다.

"이사님, 정말 죄송해요. 제가 일부러 그런 게 아니라는 것 아시죠? 이상하게 이사님이 오시면 긴장이 되고 그래서요. 정말 죄송합니다."

노타치의 마음 한편에 불씨가 켜졌다. 노타치는 그 불씨를 살리고 싶었다.

"사실, 예전부터 조금 서운한 감정이 없잖아 있었는데, 오늘로 그 감정을 없애고 싶네요. 그리고 고의가 아니었다고 말씀하시니까 제가 서운한 감정을 이제 느낄 필요도 없겠습니다. 하하하. 어쨌든 긴장하게 해서 미안하고, 화내서 미안합니다."

이렇게 말하고 나니 노타치의 마음에 있던 불씨가 등불로 변한 것 같았다. 마음이 더 따뜻해졌고, 쓸쓸함이 훨씬 줄어들었다. 아직 남아 있는 쓸쓸함은 다른 이유 때문인 것 같았고, 실장 때문에 생긴 쓸쓸함은 없어진 느낌이었다.

그런 노타치를 보면서 찬찬히는 자신의 오랜 친구가 굴뚝을 세워가고 있다는 생각을 하였다. 그 굴뚝은 크리스마스트리보다 보잘 것 없어 보이지만, 훨씬 따뜻하고 쓸모 있을 것이라는 생각이었다.

'기니피그 이야기'와 '기본'을 합쳐서 펴내며

이 책은 '기니피그 이야기'를 한 책으로 하고, '기본'을 한 책으로 하여 두 권의 책으로 펴내려던 원고를 하나로 묶은 것입니다. 이렇게 두 원고를 합치고 보니, 실상 두 원고가 모두 기본에 관한 이야기를 담고 있다는 점을 새삼 느끼게 되었습니다.

살아가다 보면 기본에서 벗어나기가 참 쉽습니다. 저 또한 그렇습니다. 실수도 많이 하고 허물도 많은 것이 인간입니다. 문제는 이렇게 기본에서 벗어난 생활을 하다 보면 어려움을 당하게 된다는 점에 있습니다. 기본에서 벗어난다는 것은 우